SDGsで世界を探求する
——9つのテーマから学ぶ

聖学院大学サステイナビリティセンター(監修)
鈴木詩衣菜(編)

聖学院大学出版会

はじめに

　国際社会が、持続可能な開発目標（Sustainable Development Goals, SDGs）を掲げてから約10年が経過しましたが、国内外におけるSDGsの認知度は向上しているものの、SDGsが掲げている17の目標達成に向けては、いまだ多くの課題が残っているのが現状です。

　本書は「SDGsとは何か」を一から解説する入門書ではなく、SDGsを"少し知っている"または"もう少し専門的に知りたい"という知的好奇心をもつ全ての方に手にとっていただきたい、いわば「最初の専門書」として書かれています。

　全章が聖学院大学に所属する若手教職員を中心に執筆され、SDGsというレンズを通して、各教職員の専門分野とのつながり、課題や可能性が提起されています。特に、音楽、美術、文学の観点も盛り込まれた本書は、聖学院大学だからこそ発信できる学際色豊かなSDGsの世界が展開されており、SDGsの17の目標に直接関わるテーマから、各目標と横断的に関わるテーマなどを概観することができます。また、各学問分野特有の捉え方やニュアンスや違いを楽しんでいただくために、あえてSDGsのグローバル指標およびターゲットなどの文言は統一しておらず、各執筆者に委ねられています。巻末には、さらに知見を深めるためのおすすめ本一覧や本文中で太字となっているキーワードの解説を収録していますので、ぜひご活用ください。

　本書が、読者の皆さんにとって、"少し"アカデミックなSDGsを通じて、一層の興味関心を高め、新しい視点や考えに触れる契機となり、ひいては、社会課題を解決するための行動につながる一助となることを心から願っています。

　最後に、本書の制作にご尽力いただいた聖学院大学出版会の皆様、装丁をご担当の竹内敦子様、組版・印刷をご担当の株式会社クイックス様、貴重な

はじめに

時間を割いて本書にご寄稿いただいた先生方、各センターの職員の方々に心より御礼を申し上げます。

2025年3月
聖学院大学サステイナビリティセンター　所長
鈴木　詩衣菜

目　次

はじめに

第1章　政治×平和×SDGs
　　　——他者と共に未来をつくるということ

1. はじめに …………………………………………………………… 9
2. SDGsと平和／学 ………………………………………………… 11
3. SDGsと政治／学 ………………………………………………… 16
4. SDGsの意義 ……………………………………………………… 20
5. おわりに ………………………………………………………… 23

第2章　経済学・財政学×地球環境・貧困×SDGs
　　　——問題解決の政策手法としての税制

1. SDGsと経済との関わり ………………………………………… 29
2. 経済学・財政学の観点から持続可能な社会の実現を考える ……… 31
3. 持続可能な社会の実現において期待される政府の活動 ………… 35
4. 地球規模での取り組み：グローバル・タックス構想 …………… 41
5. 持続可能な社会の実現のために必要なこと ……………………… 46

目 次

第3章　国際法×自然環境×SDGs
　　　　──環境問題の諸相とルール

1. はじめに ……………………………………………………………… 51
2. 国際法における「持続可能な開発」……………………………… 53
3. **SDGs**と国際環境法 ………………………………………………… 56
4. おわりに ……………………………………………………………… 68

第4章　教育×社会×SDGs
　　　　──持続可能な社会を目指す地域社会教育

1. はじめに ……………………………………………………………… 75
2. オルタナティブな将来社会構想としての「持続可能な社会」と
　 教育の課題 …………………………………………………………… 76
3. 稚内市の子育て運動と子どもの貧困対策 ………………………… 82
4. 地域社会教育実践としての子育て運動 …………………………… 90
5. おわりに ……………………………………………………………… 93

第5章　ボランティア×地域×SDGs
　　　　──SDGs実現に向けてボランティアが果たす役割

1. ボランティアと**SDGs** ……………………………………………… 97
2. **SDGs**実現に向けてボランティアが果たす役割 ……………… 101
3. ボランティアにおける**SDGs**の可能性 ………………………… 108
4. ボランティア×地域×**SDGs**を近づけるために ……………… 113

目 次

第 6 章　社会×福祉× SDGs
　　　──障害者福祉とメンタルヘルスを中心に

1. はじめに …………………………………………………………… 119
2. 共生社会の実現に向けたバリアフリーを考える ……………… 124
3. **SDGs** とメンタルヘルス ………………………………………… 129
4. おわりに …………………………………………………………… 134

第 7 章　ジェンダー×イメージ× SDGs
　　　──視覚文化にジェンダーの視点を取り入れると
　　　　何が見えてくるのか

1. ジェンダーについて考えてみよう ……………………………… 139
2. ジェンダーとその表現：女性のイメージ化 …………………… 143
3. 芸術制作における固定化されたジェンダーの役割 …………… 149
4. 視点の問題とステレオタイプ …………………………………… 152
5. なぜ視覚文化にジェンダーの視点を
   取り入れることが重要なのか …………………………………… 157
6. おわりに …………………………………………………………… 161

第 8 章　音楽× SDGs
　　　──創作の持続可能性と「遊び」

1. はじめに …………………………………………………………… 167
2. 創作と「目標」 …………………………………………………… 171
3. 「遊び」の創出 …………………………………………………… 176

4. おわりに ……………………………………………………… 183

第9章　日本文学×SDGs
──『枕草子』の「聖代」観──
中宮定子と藤原伊周による一条天皇の教導

 1. はじめに ……………………………………………………… 189
 2. 漢詩文と和歌、漢字と仮名：
　　〈漢〉と〈和〉、〈公〉と〈私〉、〈男性性〉と〈女性性〉………… 191
 3. 中宮定子と一条天皇：和歌文化、後宮文化、女性文化 ……… 194
 4. 藤原伊周と一条天皇：漢詩文と学問 ………………………… 200
 5. 清少納言と一条天皇：村上天皇と兵衛の蔵人、漢詩文と和歌 …… 205
 6. おわりに……………………………………………………… 209

コラム1　好きなこと×地球規模課題×SDGs
　　　　──自分の興味・関心からはじめるSDGs ……………… 72
コラム2　ボランティア×SDGs
　　　　──ボランティア・まちづくり活動助成金の事例から ……… 137

刊行に寄せて　所与、選択、そして想像すること
　　　　　　──今こそSDGsという国際的約束を前へ ………… 215

おすすめ本リスト ……………………………………………… 223
キーワード解説 ………………………………………………… 225
執筆者・担当一覧 ……………………………………………… 233

第 1 章
政治×平和×SDGs
―― 他者と共に未来をつくるということ

　SDGsとは何か、SDGsの意義とは何か。こうした問いに対し、学術的な視点から理解を深めている文献は意外と少ない。その結果、近年、日本でもSDGsの認知度は上昇しているが、必ずしも理解が深まっているとはいえない。そこで、本章は、平和学と政治学の視座からSDGsを立体的に理解することを試みる。また、SDGsと平和（学）および政治（学）がいかに交錯するかを踏まえ、SDGsの意義を再考する。それにより、SDGsは個々人が自己の潜在的な可能性を開花できる社会を形成するための目標であり、他者と共に未来をつくっていくためのツールである、そして、SDGsの意義はSDGsをいかに有効活用できるかによる、という洞察が得られるだろう。

1. はじめに

　近年、日本でもSDGsの認知度が急上昇している。朝日新聞のSDGs認知度調査によれば、「SDGsという言葉を聞いたことがある」と回答した人の割合は、2020年12月には45.6％であったが、2024年1月には88.3％となった[1]。いまや10人中9人がSDGsを認知しているということである。しかし、2024年の調査では、SDGsに「非常に関心がある」と答えた割合は10.2％、「少しは関心がある」は42.6％、「あまり関心がない」は27.2％、「まったく関心がない」は19.9％となっており、必ずしも関心が高いとはいえない。また、同調査で、SDGsに関する10の事柄について、「知っている／聞いたことがある」と答えた割合が50％以上だったのは、「持続可能な開発目標（Sustainable Development Goals）の略語である」、「2015年に国連で全会一致で策定された国際社会共通の目標である」、「『誰ひとり取り残さない』

社会の実現を目指している」、「17のゴール（目標）がある」の4つのみであった[2]。

　大雑把にまとめれば、大多数の人がSDGsという言葉は聞いたことがあるものの、概ね表面的な理解にとどまっており、SDGsについて深く、具体的に考え、主体的に活用するまでには至っていないということであろう。ともすれば、SDGsは国連という自分からは遠く離れた場所で策定され、上から降ってきた「To Doリスト」であるかのように捉えられているのかもしれない。その結果、日本では認知度の上昇とともに、SDGsに対する批判や反発も増えているように見受けられる。もちろん、SDGsも決して百点満点ではないため、建設的な批判は必要である。しかし、その前に、そもそもSDGsとは何か、SDGsの意義とは何かをあらためて考えてみることは重要であろう。SDGsとその意義について深く考えることなく批判をしても、それは表面的な批判にとどまり、建設的・生産的なコミュニケーションを生むことはないからである。

　では、SDGsとは何なのか。これは本書全体のテーマだが、本章では次のように提示してみたい。SDGsは、私たちが無批判に従うべき金科玉条または「To Doリスト」などではなく、他者と共に未来をつくっていくための「ツール」である[3]。そして、SDGsの意義は、その内容だけでなく、SDGsというツールをいかに有効活用していけるかによる。このように捉え直すために、本章は平和学と政治学の視点からSDGsの意義を再考する。以下、次節でSDGsと平和（学）、第3節でSDGsと政治（学）がいかに交錯するのかを概観する。それによって、SDGsを深く、学術的に理解するための視座を得ることができるだろう。現在、SDGsの達成期限である2030年以後を見据え、持続可能な開発のための新たな枠組みが議論され始めている[4]。こうした議論の動向を「自分ごと」として捉え直し、2030年以降も続く未来をつくっていくために、いま一度、SDGsの意義を学術的に洞察することが有益であろう。

2. SDGsと平和／学

2.1 平和学からみるSDGs

　まず、SDGsが「平和」および平和学といかに交錯するのかを概観してみよう。2015年にSDGsを提示した国連決議（UN Doc. A/RES/70/1）が明確に述べているように、平和の実現はSDGsの達成と不可分である。周知のとおり、SDGsを貫く理念は「誰ひとり取り残されない」世界を実現することであるが、その実現にとって「人間（People）」「地球（Planet）」「繁栄（Prosperity）」「平和（Peace）」「パートナーシップ（Partnership）」という5つのPが支柱となる[5]。いわく、「平和なくして持続可能な開発はあり得ず、持続可能な開発なくして平和はあり得ない」のである[6]。また、より直接的には「公正、平和かつ包摂的な社会を推進する」ことがSDGsの目標のひとつ（目標16）とされ、より具体的に「あらゆる場所で、あらゆる形態の暴力を大幅に削減する」（目標16ターゲット1）ことなどがターゲットとして示されている[7]。

　このように、SDGsと「平和」が関わり合っていることは一見して明らかだが、平和学の視点からみてみると、SDGsの意味をより立体的に理解することができる。実は、目標16の12のターゲットには「平和」という言葉は一度も使われていない。では、達成すべき「平和」とは何なのか。平和の定義は多様であり得るが[8]、平和学が学問として発展した大きな契機のひとつとして、1969年にヨハン・ガルトゥングが平和を「暴力の不在」と捉え直したことが挙げられる[9]。そして、ガルトゥングは、暴力を「人間が現実的に、肉体的・精神的に達成したものが、彼らの潜在的な実現可能性を下回るような、そうした影響を彼らが蒙ったとき、そこには暴力が存在する」と定義した[10]。つまり、暴力とは、人が潜在的に有している可能性の実現を妨げるものである。例えば、教育を受ける権利が保障されず、自身の可能性を十分に

開花させられない場合、そこには暴力が存在し、平和（暴力の不在）ではないと捉えられる。

　敷衍（ふえん）すれば、SDGsが目指す「平和」とは、単に戦争や紛争の不在ではなく、目標16の最初のターゲットで明示されているとおり、「あらゆる形態の暴力」が存在しない状態と考えられる。では、「あらゆる形態」の暴力とはどういうことか。ここでもガルトゥングの議論が参考になる。彼は暴力をさまざまな対概念を用いて類型化しつつ、特に「直接的暴力」と「**構造的（間接的）暴力**」の区別が重要だと論じている[11]。両者を区別する基準は、暴力をふるう「主体」が明確かどうかである。つまり、直接的暴力は、一般的にイメージされる暴力のように、特定の主体が他者にふるう暴力である。一方、構造的暴力は、暴力をふるう具体的な主体は不明だが、社会の仕組みに構造的に組み込まれている暴力である。例えば、不平等、不公正な格差（経済や教育）、差別（ジェンダーや民族）、不十分な医療や社会福祉、それらによって生じる貧困なども構造的暴力であり、これらの是正が暴力の削減、目標16の達成につながる。

　以上のような平和学の視点から考えると、SDGsの目標1〜15は私たちの世界にはびこる「多様な形態の暴力」を一つひとつ指し示しており、目標16は目標1〜15の達成を目指すうえで望ましい「社会のあり方」を示していると捉えられる[12]。言い方を変えれば、目標1〜15は人々の潜在的な可能性の実現を妨げているさまざまな「暴力」の所在を名指ししており、各目標の達成に向けて取り組むことは、人々が自己の可能性を開花させられる「平和」な世界・社会をつくっていくことと同義である。そして、目標16は、「あらゆる形態の暴力」を削減するという目標を再確認しつつ、平和な世界・社会をつくっていくために必要な社会の「仕組み」を提案しているのである。さらに、次節であらためて考察するが、SDGsの目標17が示しているのは、目標1〜16の達成（平和の実現）には、多様な主体が協力すること、すなわち「パートナーシップ」が不可欠だということである。SDGsは、このように組み立てられている。

また、上記のように平和学の視点からSDGsを捉え直すことは、SDGsの源流を振り返り、2030年以降の目標を考えることにもつながる。そもそも「持続可能な開発」という考え方は、経済成長を中心とする開発の限界や問題に対処するために開発概念を練り直したものである。1960年代頃から世界的に環境問題が注目され始めると、経済開発と環境保護のバランスをとり、両者のトレードオフからいかに脱するかが課題となった。そこで、国連の設置した世界委員会が1987年に提唱したのが「**持続可能な開発**」概念である[13]。また、1960年代以降、旧植民地の独立に伴い、先進国（北）と途上国（南）の間の経済格差や搾取的な国際経済構造が問題視されるようになった。その結果、平和学で暴力が研究の焦点になっていくのと同様、経済学ではアマルティア・センが「効用」よりも「個人の能力と可能性」の拡大を重視するアプローチを提唱し[14]、「**人間開発**」という概念も生み出された。SDGsの前身である**ミレニアム開発目標（MDGs）**は、この人間開発の考えをもとに策定されている[15]。

　要するに、やや拙速な説明ではあるが、SDGsには経済成長と環境保護のバランスを重視する流れと、経済的な効用のみならず個人の可能性の拡大を重視する流れが合流している。つまり、経済成長中心の開発、環境に配慮した開発、人間中心の開発という3つの開発概念が包含されている。この点は、前述したSDGsの5つのPからも明らかである。5つのPには、「人間」、「地球」（＝環境）、「繁栄」（＝経済）が含まれている。さらに、人々の可能性の拡大（人間開発）を重視する開発学は、その可能性の障害（＝暴力）に注目する平和学と、学問的な発展の背景も含め、人間の潜在的な可能性に着目するという視座が共通している。そして、平和学の重要な目的は、暴力の所在を可視化し、個々人が潜在的な可能性を開花できるような世界と社会、いわば「未来」をつくっていくことである。それによって目指される「平和」は、SDGsによって目指されている「誰ひとり取り残されない」世界と軌を一にしている。

2.2　紛争解決学と「未来」をつくること

　前項で概略したように、SDGsは、開発概念の拡張を踏まえつつ、個々人が自己の可能性を開花できる社会を形成するための世界共通の目標である。そのため、SDGsは人間開発の基盤となる「社会」の開発も目標として含んでおり、よくいわれるように、SDGsは経済・環境・社会の3つの側面に関わっている。しかし、SDGsはこのように多様な開発概念を取り込み、多様な目標を設定しているがゆえに、現実には、異なる目標を追求する主体や取り組みの間で対立が発生し、異なる目標の間でトレードオフに陥ることもあり得る。このような対立・相克を解決するのは容易ではないが、解決のための道筋を見出そうとする際にも平和学が参考になる。構造的暴力などの概念とともに平和学の発展に寄与したガルトゥングは、実際の紛争解決に携わりながら、平和学の一分野として「紛争解決学」も彫琢してきた。彼が体系化した紛争解決法は、紛争を超越する（transcend）という意味で「**トランセンド法**」とも呼ばれる[16]。

　では、ガルトゥングのトランセンド法とは何か。要点を確認しておこう。まず、解決すべき「紛争」が発生するのは、複数の主体（個人や集団）が存在し、それぞれの目標が同時には達成できない場合、すなわち、いずれかの主体が目標の達成を諦めたり変更したりするしかない場合である。そして、その複数の主体が、お互いが同時に達成できない目標を追求しているということを認識し、それでもなお自身の目標を達成しようとする場合、目標達成をめぐって争いが生じる。このような状態を紛争と呼び、上記の主体は紛争当事者となる。つまり、紛争とは、暴力的手段の使用や争いの大小にかかわらず、「複数の主体が異なる目標を追求し、互いの目標が両立不可能な状態」を指す[17]。例えば、ある主体が経済成長を追求する一方、他の主体は環境保護を追求し、両者ともに互いの目標がトレードオフであることを認識しているにもかかわらず、両者が自身の目的を追求し続ける場合、両者は紛争状態にあるといえる。

このような紛争はいかに解決するべきなのか。もし一方の当事者が何らかの方法で他方の目標を変更させた場合、それは「互いの目標が両立不可能な状態ではなくなった」という意味では、紛争が解決したといえる。しかし、当初の目標を達成した勝者と断念した敗者を生むことになり、紛争が再燃するおそれ、紛争の火種は残ってしまう。これは、根本的な紛争解決とはいえない。SDGsに引き付けて考えると、現実には、多様な主体が各々、17の目標のうち少数あるいは一つの目標の達成を目指して自らの活動に取り組んでいるが、その取り組みが他の目標の追求に負の影響を及ぼし、多様な取り組みがトレードオフの関係、すなわち紛争状態にあることも多い。しかし、SDGsの本来の目的は全ての目標の達成であり、仮に一部の目標が達成されても、根本的な問題解決とはいえない。むしろ、SDGsの核心は、単に争いを「解消」するのではなく、革新的なアイデアでトレードオフを「超越（transcend）」し、多くの目標を同時に追求可能にする取り組みや状況を創発していくことであろう[18]。

　そこで、トランセンド法では、トレードオフ関係にある諸目標を両立可能にする新たなアイデアや手段を「対話」によって弁証法的に創出していくことが重視される。それにより、理論上は、紛争当事者が当初の目標を変更することなく、諸目標がより高次のアイデアのもとで統合され、そのアイデアを実現する革新的な手段や技術の開発とともに、諸目標が矛盾なく追求され得る。例えば、近年、**グリーン・ニューディール**というアイデアが注目されている[19]。ニューディール（new deal）とは、もともとはトランプゲームの「親」がカードを配り、新たにゲームを始める際に使われる言葉である。アメリカでは1930年代に、世界恐慌を乗り越えるため、革新的なニューディール政策が実施された。単純化を恐れずにいえば、ニューディール政策は、社会保障の拡充と経済成長の促進という当時は相容れないと考えられていた目標を統合した政策であった。その経験を踏まえ、環境分野に大規模な公共投資を行い、経済成長と環境保護を同時に追求するというアイデアがグリーン・ニューディールである[20]。

敷衍すれば、紛争解決学は、顕在化した紛争をむしろ新たなアイデアを創出するチャンスと捉え、対話によって創造的な解決策を提示することで、他者と共に新たな世界・社会、「未来」をつくっていくことを理想とする。こうした視線は、SDGs全体として目指すべき方向と合致する。周知のとおり、SDGsを提示した国連総会決議（UN Doc. A/RES/70/1）の表題は「私たちの世界を変革する（Transforming our world）」である。そして、紛争を超越することは、結果的に、世界の変革につながる。ただし、第4節であらためて論ずるが、SDGsの特徴のひとつは、目標は設定していても目標達成の方法は決めていない点である。換言すれば、SDGsは暴力の所在を示すが、解決方法は規定しない。むしろSDGsは多様な主体が超越・変革の方法についてコミュニケーションを始めるためのツールであり、その方法を決め、実行していくのは政治である。このように捉えることで、SDGsと政治（学）の接点もはっきりみえてくるだろう。

3. SDGsと政治／学

前節では、SDGsと平和（学）がいかに交錯しているかを検討し、SDGsの全体像をより立体的に理解しようと試みた。紙幅の関係上、議論がやや性急になってしまったが、平和学・紛争解決学の視座からSDGsを捉え直すことで、差し当たり、SDGsとは個々人が自己の可能性を開花できる社会および「未来」を形成するための目標であり、未来をつくるコミュニケーションを始めるためのツールであるという見立てを示した。この見立てについては、次節であらためて検討しよう。他方で、SDGsの目標をいかに達成するのか、誰ひとり取り残されない社会や未来をいかに形成していくのか、その方法やプロセスに関していえば、「対話」の重要性に触れた以外には、必ずしも明確ではなかった。とりわけ、多様な主体が多様な目標を追求している場合、実際に共通の目標や未来像を実現していくことは容易ではない。そこ

で、本節では、SDGsと政治（学）の交錯に注目する。それによって、より多角的かつ現実的な視座からSDGsを理解し、具体的な方策について検討することができるようになるだろう。

　まず、SDGsが「政治」および政治学といかに交錯するかを考えるには、政治／学とは何かを検討する必要がある。しかし、この問いの答えは多様であり、「政治」の定義自体、きわめて論争的である。そこで、ここでは政治なるものが生じる、あるいは必要とされる基礎的な（おそらく最大公約数的な）条件のみを確認しておきたい。そもそも「政治（Politics）」は、今から2500年ほど遡る古代ギリシアの「ポリス（Polis）」が語源である。ポリスとは、自由人が自治を行う共同体を意味した。そして、その共同体を管理・運営する活動など、共同体の構成員にとって共通の事柄を扱う公的な営みが「ポリティクス」であり、私たちが政治と呼ぶものの原型である。そのため、重要なのは、政治は複数の多様な主体の間で営まれ、多様な主体が共生していくために共通の事柄を扱う公的な活動であり、その活動は自由人が自治を行う共同体に関わるため、主に非暴力的な言論（説得や討論）が用いられるということである[21]。

　平易にいうならば、政治とは、異なる利害関心や価値観などをもつ多様な人々（自己と他者）が共生していくために必要な営み、ということである[22]。また、個々人の自由を保障しながら共生していくには、非暴力的な方法に基づき、多様な主体が有している多様な利害関心や価値観を調整していくことが必要となる。そのために、多様な主体が共に目指すべき共通「目標」を設定したり、望ましい「社会のあり方」に関する共通認識を形成したり、目標の設定・達成のための公正な「方法」やプロセス、すなわちルールや制度、組織などの「仕組み」を整備したりする。例えば、平和という共通目標を設定し、そのために民主主義が望ましいという共通認識を醸成し、公正な意思決定を行う仕組みとして選挙制度や三権分立に則った統治機構、政党組織などを形成し、共同体を管理・運営していく、という具合である。そして、目標設定や制度整備に関する個別の課題を学術的に研究するのが、言わずもが

な、政治学である。

　政治学の扱うテーマはもちろん上述の諸課題に限定されないが、政治学の一般的な教科書の目次と構成をみれば、上述の諸課題が政治学の重要な部分を占めていることは一目瞭然だろう[23]。そして、本章で概略した平和学／紛争解決学と政治学は議論の前提を共有しており、補完的な関係にあることも明らかである。両者とも、次のような社会を前提している。社会には複数の主体が存在し、それぞれが異なる目標や利害関心などを有しているために争い（紛争）が生じる。そこで、互いに他者を尊重して共生していくには、言論を中心とする非暴力的な手段で調整を図り、共に未来をつくっていく必要がある、という前提である。ただし、平和学／紛争解決学では、目標や利害関心などの争いを乗り越えるために、新たな共通目標を形成することに力点が置かれるが、その具体的な方法や必要な制度についてはあまり詳述されない。他方で、政治学では、共通目標の形成や達成の方法・プロセスも具体的に研究されてきた。そのため、平和学／紛争解決学と政治学の知見を組み合わせることは、有益である。

　では、SDGsと政治／学がいかに交錯するのか、もう少し具体的に考えてみよう。前節で触れたように、SDGsの目標1～15は世界にはびこる「多様な形態の暴力」を示し、目標16は目標1～15の達成に向けた「社会のあり方」を提示している。そして、目標1～16の達成を下支えするのが、目標17「実施手段の強化とパートナーシップの再活性化」である。目標17は他の目標と異なり、ターゲットを「資金」「技術」「能力構築」「貿易」「システム上の課題」という下位区分に分け、ターゲットの数も19と突出して多い[24]。例えば、途上国の徴税能力の強化や途上国への政府開発援助（ODA）の増加などの資金調達、途上国への技術移転や能力構築の支援、公正かつ途上国支援につながる国際経済（貿易）構造の構築が求められ、全般的なシステム上の課題として、政策や制度の調整、多様な主体のパートナーシップ、途上国支援を好循環にするためのデータ収集と説明責任の仕組みの整備などがターゲットとされている。

これらのターゲットが意味しているのは、SDGsの各目標の達成に向けて、国際および国内社会の基盤的な「仕組み」を整備していくこと、すなわち実施手段の強化である。また、その仕組みを適切かつ効果的に運用・活用し、目標達成に向けた政策や制度を調整・実施していく「プロセス」において、多様な主体（国家、企業、市民社会など）のパートナーシップとその再活性化が重要だということである。当然、これは理想的な青写真である。いかに資金を調達・配分するのか、いかに政策を調整し、どの取り組みを優先するのか、多種多様な主体の間で、どうすれば協力的なパートナーシップを形成・持続できるのかなど、現実には、一筋縄ではいかない課題ばかりである。実際、特定の目標達成を目指した政策を実施するには、資金や物資、人材など、さまざまな資源が必要になるが、仮に資源を奪い合うような状況になれば、それは前節で説明した紛争状態そのものである。しかし、実はそうした難問に向き合う時にこそ、上述した政治／学がSDGsと緊密に交錯し、重要な役割を担うのである。

　以上のように考えると、むしろSDGsが政治／学の場ないしスペースを創出しているともいえる。SDGsは共通目標を設定しているが、多数の目標とターゲットに枝分かれし、目標達成の方法やプロセスは自由である。そのため、SDGsを達成するには、有限な資源のもと、政治的な調整や合意形成、ルールなどの仕組みづくりが不可欠になる。さらにいえば、そもそもSDGsが決められたプロセス自体、まさに政治的な営みであり、政治学の重要な研究対象である。そして、政治の基礎を「自由人の自治と共生」と理解するならば、特に再活性化すべきは市民社会と個人の役割であろう。目標17のターゲット16、17でも、多様な主体のパートナーシップと市民社会の参加が訴えられているように、SDGsは単に上から降ってきた「To Doリスト」ではない。むしろ、市民社会と個人が他者（国家や企業も含む）と主体的にコミュニケーションをとり、参加をしていくための梃子、いわば他者と共に未来をつくっていくためのツールになり得る。SDGsはそのためのスペースを開いているのである。

4. SDGsの意義

　ここまで、概略ながら、平和学／紛争解決学と政治学の視座からSDGsを見直すことで、SDGsをより深く立体的に理解することができたのではないだろうか。平和学の視座からみれば、SDGsは暴力の所在を可視化し、個々人が潜在的な可能性を開花できるような世界・社会をつくっていくための目標といえる。政治学の視点からみれば、SDGsは上記に加え、多様な主体が他者と共生してくための共通目標であり、目標達成に向けたコミュニケーションと政治参加を可能にするツールといえる。つまり、SDGsとは個々人が自己の可能性を開花できる社会を形成するための目標であり、未来をつくるコミュニケーションを始めるためのツールである。このように捉えると、SDGsの意義が明確になってくると思われる。本節では、その意義をもう少しだけ考察しておこう。本章の冒頭で示唆したように、SDGsの意義は、その内容もさることながら、SDGsというツールをいかに有効活用していけるかにもよるからである。

　まず、SDGsの意義を考える際に、大前提として再確認しておくべきことは、SDGsが国連総会の場で全ての加盟国の支持を得たということである。世界中の国々が政治的、経済的、地理的、文化的な多様性を超えて、SDGsを共通の目標として認めたことは、やはり看過するべきではない[25]。少し異なる角度からいえば、共生を目指す政治には、共通目標の設定と目標達成のための手段の調整や仕組みの整備が必要であった。つまり、目標と手段という2つの段階において、多様な主体の間で複雑かつ困難な調整や決定を行う必要がある。しかし、SDGsはすでに共通目標を定めているので、大仕事の半分はクリアしているとも考えられる。また、平和学の視点からいえば、SDGsは私たちが無くしていくべき暴力の所在を明示している。平和学は暴力を発見することから始まるが、私たちが共同で対処するべき暴力の所在が、全てではないにせよ、すでに可視化されていることは、大きなアドバンテージで

あろう。このようにSDGsが設定されていること自体の意義は、しっかり認識しておくべきである。

さらに、SDGsの意義は、私たちが対処するべき暴力が世界中に存在していることを人々に気づかせるという点にもある。実際、SDGsが名指しする暴力は、途上国だけでなく、先進国にも多く残存している。残念ながら、暴力が完全になくなった（平和になった）場所はどこにもない。むしろ、近年は持続的な暴力が顕在化している。例えば、日本も貧困やジェンダー不平等の問題を抱えている。また、大量の廃棄物（プラスチック、衣服、食品など）を生み出す日本の経済構造と私たちの消費行動が、日本国内のみならず、世界に暴力をまき散らしている[26]。SDGsの特徴としてよく言及されるように、MDGsは途上国の開発を中心とした目標であったが、SDGsは途上国に限らず、先進国の「発展（development）」のための目標でもある[27]。前述した人間開発への開発概念の拡張や個人の可能性に着目する平和学からも、こうした展開は自然であろう。人々の自由と可能性は、SDGs以後も、開発・発展の根幹とされるべきであり、SDGsにおいて途上国・先進国の区別なく目標が設定された意義は大きい。

他方、SDGsの大きな特徴のひとつは、世界共通の目標を設定する一方で、目標達成の手段やプロセスは定めていない点にある。目標をどう達成するかは、多様な主体の自由とパートナーシップに委ねられている。この点にも、SDGsの意義を見出せるだろう。もちろん、具体的な手段や取り組みを調整・決定する政治プロセスには困難や争いも多い。しかし、見方を変えれば、それは他者との対話・コミュニケーションを通して「未来」をつくっていく**機会とスペースが創出されている**ということでもある。SDGsの内容を振り返れば、貧困や飢餓、不平等をなくす、健康や教育などの**人間の基本的ニーズ（BHN）**を充足する、社会や環境を持続可能にするなど、おそらく誰も反対しない普遍的な目標ばかりである。一般的に、多様な主体の間で共通目標を決めることは非常に困難だが、すでに目指すべき目標や方向性に合意できていれば、その目標に向けた手段を調整・決定するためのコミュニケーション

は開始しやすく、また、公正さや効率性などの基準のもと、より合理的な対話が可能となる。

　さらに、SDGsは世界の変革と未来の共創に向けたプロセスに多様な主体が参加することを重視し、市民社会の主体的な参加も促している[28]。本章で概略した平和学や政治学の視点を加味すれば、市民社会の重要性は理解しやすいだろう。簡潔にいえば、市民社会とは、政府や企業ではなく、個人やNGO、社会運動団体、学術団体、労働組合などが構成し、非営利活動と公益の増進を目的とする自発的かつ自律的な社会を指す。公益とは、国益や私的な利益とは異なり、人権の擁護やBHNの充足など、不特定多数（特に弱い立場）の人々が必要とする利益である[29]。言い換えれば、公益の増進とは、個人の可能性の実現を妨げる「暴力」を取り除くことである。また、市民社会は自由な個人や自由な個人からなる団体・組織が自発的・自律的に形成し、活動するスペースである。つまり、市民社会における活動は、前述した政治的な営みの原型に近く、市民社会への参加自体が個人の自由と公益の増進につながる。そのため、市民社会の活動は、「誰ひとり取り残されない」世界の実現と直結している。

　もちろん、市民社会だけでSDGsの達成は不可能であろう。目標17ターゲット16、17のラベル（下位区分）が示すとおり、マルチステークホルダー（多様な関係者）パートナーシップが必要となる。ただし、ここで注意すべきは、市民社会の主体的な参加が奨励されている点である。例えば、OECD開発援助委員会（DAC）の報告書でも、市民社会はSDGs達成に決定的に重要で、特に目標16と17に関して中心的な役割を担うことが期待されている[30]。つまり、SDGsは、市民社会が国家や企業と対等にコミュニケーションを始め、パートナーとして協働することを可能にしている[31]。むしろSDGsはそのためのツールであり、SDGsをいかに有効活用できるかが重要になる。また、市民社会は、実際、SDGs策定プロセスにも参与している。2013年から始まったSDGsの策定交渉は全ての関係者に開かれた「オープンな作業部会」で行われ、専門家やNGO、市民団体も参加した。インターネット上で

も意見が募集され、194か国から1000万以上の声が寄せられた[32]。このように、SDGsは目標設定・達成プロセスに多様な主体が参加する機会を創出しているのである。

　以上のように、SDGsの意義として、内容それ自体に加え、全ての国連加盟国が支持しており、世界全体で目指すべき共通目標を明確にしている点、そのうえで、目標達成の方法は決められておらず、多様な主体のパートナーシップに委ねられている点が挙げられる。さらに、この2点が合わさることで、多様な主体による自発的な取り組みと目標達成に向けたコミュニケーションが促進され、目標達成の方法やプロセスを決定・実行していく機会とスペースが創出されている。多様な主体による対話、調整、決定、実行のプロセスは政治そのものであり、SDGsを政治学の視座からさらに考察していくことは有益であろう。とりわけ、SDGsが市民社会の主体的な参加を可能にしている点は重要である。そして、多様な主体がSDGsを「自分ごと」として、多様な他者と対話しながらさまざまな取り組みを進めていくことが、結果的には、国際社会全体における創発と世界の変革、すなわち未来をつくっていくことにつながるのである[33]。

5. おわりに

　SDGsとは、持続可能な開発目標の略語であり、2015年に策定された国際社会の目標であり、2030年が達成期限とされている。また、「誰ひとり取り残されない」世界の実現が究極的な目標であり、そうした世界を実現していくためには、5つのPが基盤であり支柱となる。5つのPとは、人間（People）、地球（Planet）、繁栄（Prosperity）、平和（Peace）、パートナーシップ（Partnership）である。本章では、平和学と政治学の視座からSDGsを立体的に把握しようと試みてきた。その観点から振り返れば、上記の5つのPがSDGsの達成、ひいては未来の形成にとって重要な支柱であることは

明らかだろう。とりわけ、平和（学）と政治（学）がいかにSDGsと交錯するかを検討することで、「平和」と「パートナーシップ」がSDGsの支柱とされていることの意味がより明確になったのではないだろうか。

　また、SDGsの意義を振り返るならば、市民社会や個人、そして私たち自身が主体的にSDGsに向き合うことの重要性も明らかだろう。SDGsは多様な主体が共に目指すべき目標を明示する一方、その目標の達成方法においては自由と多様性、多様な関係者による（マルチステークホルダー）パートナーシップを重視する。つまり、目標達成に向けて、何を、どう行うかは関係者に委ねられており、SDGsは多様な関係者が対等な立場で対話を始めることを可能にしている。この点は、とりわけ、国際政治への参入が制約されている市民社会や個人にとって重要である。そして、SDGsの内容もさることながら、SDGsをいかに有効活用するかが重要な理由でもある。前述のとおり、実際、SDGsの策定プロセスに市民社会や個人も参加しており、2024年の国連「未来サミット」で採択を目指す「未来のための協定」では、最初から市民社会が文書案の作成に関わっている[34]。2027年頃から本格化することが見込まれる2030年以降の新たな目標策定においても、市民社会の参加が一層求められるだろう。

　もちろん、本章で論じてきたことは、SDGsを非常に楽観的かつポジティブに捉えた見方である。現実には、持続する武力紛争や人権侵害、不公正な経済格差や民主主義の後退など、SDGsの理念と逆行する状況もみられる。その中で、市民社会の縮小にも懸念が表明されている。つまり、自由な個人や自由な個人からなる団体・組織が自発的・自律的に活動するスペース（市民社会）への規制や制限が強まっているのである[35]。しかし、こうした状況だからこそ、SDGsを梃子に市民社会が公益の増進を図ることがいっそう重要になるだろう。個人の可能性を抑圧する構造的暴力は、国家（政治構造）や市場（経済構造）に由来することが多い。市民社会はそうした暴力を明るみに出し、暴力の防波堤になることもできる。また、近年、政治学では、公共政策の形成プロセスに市民参加型の「熟議」の機会を組み込み、民主主義

を（再）活性化する試みが注目されている[36]。このような試みは、市民社会の（再）活性化や、SDGsの達成に向けた多様な主体の協働を推進するうえでも参考になるだろう。

　国連は2021年から2030年をSDGsの達成に向けた「行動（action）の10年」としている。その10年も折り返しに近づいていると思うと、冒頭のアンケート結果はあまりに心もとない。ただし、SDGsが提示しているのは究極的な目標であり、2030年が終着点なわけではない。むしろ、2030年以後も持続的な取り組みが必要であり、あらためてSDGsの意義を熟考し、行動を続けていくことが重要である。そして、SDGsとは何かを考え、2030年以降の新たな目標を形成していく必要もある。SDGsが目指す「誰ひとり取り残されない」世界とは、いわば個々人の個性が尊重され、人間らしく生きていける世界であろう。政治思想家ハンナ・アレントは著書『人間の条件』で、人間の行為を分類し、「活動（action）」の重要性を論じた[37]。活動とは、新しいことを始め、言論によって他者との関係を構築することであり、自己と他者が人間らしく生きるために必要な行為である[38]。SDGsの根源的な意義は、むしろ「活動」を呼びかけ続け、他者と共に未来をつくる原動力としていくことにあるといえるかもしれない。

　注

1) 「【第10回SDGs認知度調査】若い世代でSDGsに高い関心　商品購入に影響も」『朝日新聞　SDGs ACTION!』〈https://www.asahi.com/sdgs/article/15212866〉（2024.6.16アクセス確認）。
2) その他の項目と回答の割合は、以下の表（注1の記事から著者作成）を参照。

	知っている	聞いたことがある	まったく知らない
持続可能な開発目標（Sustainable Development Goals）の略語である。	42.9%	35.4%	21.8%
2015年に国連で全会一致で策定された国際社会共通の目標である。	20.4%	35.8%	43.8%
「誰ひとり取り残さない」社会の実現を目指している。	20.8%	32.7%	46.5%

17のゴール（目標）がある。	28.3%	31.1%	40.7%
目標ごとのターゲット（小目標）があわせて169ある。	12.5%	24.3%	63.2%
2030年が達成期限である。	15.0%	24.5%	60.5%
4年に1度、各国首脳が参加するSDGsサミットが開かれ、推進策が話し合われる。	13.5%	28.9%	57.6%
毎年、各国の達成具合が評価され、ランキングが発表されている。	11.3%	25.1%	63.6%
「MDGs」（ミレニアム開発目標）を引き継ぎ、発展する形で策定された。	9.2%	17.8%	73.1%
「我々の世界を変革する：持続可能な開発のための2030アジェンダ」という文書が土台にある。	9.3%	20.9%	69.8%

3) 川廷昌弘『未来をつくる道具　わたしたちのSDGs』ナツメ社、2020年、200-202頁。
4) 2024年9月に国連で「未来サミット（Summit of the Future）」が開催され、「未来のための協定（Pact for the Future）」の採択が目指されている。その文書案では、2027年にSDGsサミットを開催し、ポスト2030枠組みを検討するとされている。UN Doc., "Pact for the Future: Rev. 1" (14 May 2024), para. 13 〈https://www.un.org/sites/un2.un.org/files/sotf-pact-for-the-future-rev.1.pdf〉（2024.6.18アクセス確認）
5) 蟹江憲史『SDGs（持続可能な開発目標）』中央公論新社、2020年、5頁。
6) UN Doc. A/RES/70/1 (21 October 2015), p. 2.
7) "Goal 16: Promote just, peaceful and inclusive societies", Sustainable Development Goals, UN 〈https://www.un.org/sustainabledevelopment/peace-justice/〉（2024.6.18アクセス確認）
8) 例えば、多賀秀敏『平和学入門1　平和を理解するための思考のドリル』勁草書房、2020年、第3講（41-60頁）を参照。
9) ヨハン・ガルトゥング『ガルトゥング平和学の基礎』藤田明史訳、法律文化社、2019年、7頁。
10) 同上、8頁。
11) 同上、10-16頁。
12) 高柳彰夫、大橋正明編『SDGsを学ぶ――国際開発・国際協力入門』法律文化社、2018年、10-11頁、179頁。
13) 「持続可能な開発」という概念は、1984年に国連総会によって設置された「環境と開発に関する世界委員会（World Commission on Environment and Development）」の最終報告書 Our Common Future（1987年）において、「将来世代が自らの必要性を満たす能力を損なうことなく、現在世代の必要性を満たすような発展」と定義され、世界的に普及することとなった。World Commission on Environment and Development, Our Common Future, Oxford University Press, 1987. 環境と開発に関する世界委員会編『地球の未来を守るために』大来佐武郎監修、福武書店、1987年。

14) センはインド生まれの経済学者で、インドにおける貧困などの問題をもとに、1970年代に、経済学の主流であった効用概念を中心とする功利主義では不平等の問題を適切に扱えないと主張した。その後、個人の能力と可能性の拡大を重視する「ケイパビリティ・アプローチ」を提唱し、1998年にノーベル経済学賞を受賞している。Amartya Sen, *On Economic Inequality,* Expanded edition with a substantial annexe 'On Economic Inequality after a Quarter Century' by James Foster and Amartya Sen, Clarendon Press, 1997.
15) 人間開発とMDGsの概要については、国連開発計画（UNDP）『人間開発ってなに？』（2007年2月）〈https://www.undp.org/ja/japan/publications/hanfuretsutorenjiankaifatsutenani〉（2024.6.18アクセス確認）を参照。
16) ヨハン・ガルトゥング『ガルトゥング紛争解決学入門――コンフリクト・ワークへの招待』藤田明史・奥本京子監訳、トランセンド研究会訳、法律文化社、2014年。
17) 上杉勇司、小林綾子、仲本千津編著『ワークショップで学ぶ紛争解決と平和構築』明石書店、2010年、25-27頁。
18) 実際、SDGsの17の目標がトレードオフに陥りやすいことは、しばしばSDGsの限界として議論される。そうしたトレードオフを解消するため、ゲーム形式で革新的なアイデアを考える「X（クロス）」というカードゲーム（以下URL参照）も考案されている。〈https://www.kanazawa-it.ac.jp/sdgs/education/application/game-1.html〉（2024.6.18アクセス確認）。
19) 明日香壽川『グリーン・ニューディール――世界を動かすガバニング・アジェンダ』岩波新書、2021年。
20) さらに、近年、経済的利益だけでなく、環境問題や社会問題の解決に取り組む企業や公正な経営を行っている企業への投資を促進する手段として、環境（environment）、社会（social）、ガバナンス（governance）の頭文字をとった「ESG投資」という仕組みも浸透しつつある。
21) 佐々木毅『政治学講義』東京大学出版会、1999年、44-47頁。
22) 宇野重規『未来をはじめる――「人と一緒にいること」の政治学』東京大学出版会、2018年、59頁。
23) 例えば、川出良枝、谷口将紀編『政治学』第2版、東京大学出版会、2022年。
24) UN Doc. A/RES/70/1 (21 October 2015), pp. 26-27.
25) 蟹江、前掲書、2頁。
26) 仲村和代、藤田さつき『大量廃棄社会――アパレルとコンビニの不都合な真実』光文社、2019年。
27) 蟹江、前掲書、1頁。佐渡友哲『SDGs時代の平和学』法律文化社、2019年、26頁。
28) SDGsの目標17ターゲット16、17など。
29) 重田康博『激動するグローバル市民社会――「慈善」から「公正」への発展と展開』明石書店、2017年、18-21頁。

30) OECD, *DAC Recommendation on Enabling Civil Society in Development Co-operation and Humanitarian Assistance*, OECD/LEGAL/5021, 6 July 2021, p. 3.
31) 国連のウェブサイトでは、市民社会の取り組みも、政府や企業の取り組みと並んで紹介されている。UN Department of Economic and Social Affairs, "SDG Actions Platform"〈https://sdgs.un.org/partnerships/browse〉（2024.6.18アクセス確認）
32) 蟹江、前掲書、51-57頁。佐渡、前掲書、23-24頁。
33) 蟹江、前掲書、vii-ix頁。
34) UN Summit of the Future, "Pact for the Future Zero Draft"〈https://www.un.org/en/summit-of-the-future/pact-for-the-future-zero-draft〉（2024.6.18アクセス確認）
35) 高柳、大橋、前掲書、193-195頁。林明仁「市民社会スペースに関する知見の現在地」『THINK Lobbyジャーナル』Vol. 1、2023年、55-65頁。〈https://www.janic.org/wp-content/uploads/2023/03/thinklobbyjournal_vol1.pdf〉（2024.6.18アクセス確認）
36) OECD（経済協力開発機構）Open Government Unit『世界に学ぶミニ・パブリックス──くじ引きと熟議による民主主義のつくりかた』日本ミニ・パブリックス研究フォーラム訳、学芸出版社、2023年。
37) ハンナ・アレント『人間の条件』志水速雄訳、筑摩書房、1994年。
38) アレントの議論を解説した書籍は枚挙にいとまがないが、例えば、森分大輔『ハンナ・アーレント──屹立する思考の全貌』筑摩書房、2019年。

第2章
経済学・財政学×地球環境・貧困×SDGs
—— 問題解決の政策手法としての税制

　SDGsの達成には、国家の政府システムを通じた経済活動である財政が重要となる。それは、政府が、公権力を行使し、国民から強制的に税を調達し、無償で公共サービスを提供することができるからである。本章では、持続可能な社会の実現に向け、経済学や財政学のツールがどのように寄与しうるのかについて整理し、SDGsの目標1と目標13を中心に財政の役割と政策手法としての税制のあり方について検討し、目標17に関連してグローバル化した地球社会を1つの「国」とみなして地球規模で税制を設計するグローバル・タックスの実例や構想について考察する。

1. SDGsと経済との関わり

　2015年9月の国連持続可能な開発サミットで採択された「持続可能な開発のための2030アジェンダ」で、2030年までに持続可能な社会の実現を目指し、17の持続可能な開発目標（SDGs）と169のターゲットが掲げられた。アジェンダには、これらの目標とターゲットは、統合不可分のものであり、持続可能な開発の三側面である「経済」「社会」「環境」を調和させるものであることや、その実施において地球上の「誰ひとり取り残さない」といった基本的な考え方が示されている。また、アジェンダには、持続可能な社会の実現に向けた重要な分野として、人間（People）、地球（Planet）、豊かさ（Prosperity）、平和（Peace）、パートナーシップ（Partnership）の「5つのP」が掲げられている。この「5つのP」とSDGsの諸目標が関連づけられ、経済成長、社会的包摂、環境保全を重点に、格差を是正し、貧困を撲滅し、社会的弱者に社会参加の機会を保障する民主的で平和な持続可能な社会を目指

表1　SDGsの捉え方：5つのP

分野	概要	SDGsの目標
人間 （People）	あらゆる形態と次元の貧困と飢餓に終止符を打つとともに、すべての人間が尊厳をもち、平等に、かつ健全な環境のもとでその潜在能力を発揮できるようにする	1　貧困　　2　飢餓 3　保健　　4　教育 5　ジェンダー 6　水・衛生
豊かさ （Prosperity）	すべての人間が豊かで充実した生活を送れるようにするとともに、自然と調和した経済、社会および技術の進展を確保する	7　エネルギー 8　成長・雇用 9　イノベーション 10　不平等の是正 11　持続可能な都市
地球 （Planet）	持続可能な消費と生産、天然資源の持続可能な管理、気候変動への緊急な対応などを通じ、地球を劣化から守ることにより、現在と将来の世代のニーズを充足できるようにする	12　持続可能な生産と消費 13　気候変動対策 14　海洋資源の保全 15　陸上資源の保全
平和 （Peace）	恐怖と暴力のない平和で公正かつ包摂的な社会を育てる。平和なくして持続可能な開発は達成できず、持続可能な開発なくして平和は実現しないため	16　平和
パートナーシップ （Partnership）	グローバルな連帯の精神に基づき、最貧層と最弱者層のニーズを特に重視しながら、すべての国、すべてのステークホルダー、すべての人々の参加により、持続可能な開発に向けたグローバル・パートナーシップをさらに活性化し、このアジェンダの実施に必要な手段を動員する	17　実施手段

出典：国際連合広報センター「SDGsを広めたい・教えたい方のための「虎の巻」」（〈UNDPI_SDG_0707.pptx（live.com）〉）スライド4をもとに作成。

している（表1参照）。

　SDGsには、貧困の撲滅や不平等の縮小の推進と同時に、加速する地球環境破壊にも対応しなければならないという難しい問題がある。市場社会においては、環境保全と経済成長の関係について、経済が成長すると環境が悪化し、環境を保全しようとすると経済が悪化するという経済成長と環境保全がトレード・オフの関係にあるという考え方がある。一方で、経済成長を促進

しつつ、環境保全対策を進めるとともに技術革新や社会変革によって、エネルギーの消費量や二酸化炭素排出量が減少している国や地域が存在する。このような経済成長とエネルギー消費や二酸化炭素排出を連動させない、切り離すという考え方を**環境分野でのデカップリング**という。この考え方によれば、貧困や飢餓などを克服するために経済成長を優先せざるを得ない開発途上国が、地球環境のために経済活動や社会活動を抑制しなくてもよいということになる。また、市場社会で生じた貧困や飢餓の克服には、所得の不平等の是正や最低限の生活賃金の保障、質の高い医療や教育の提供なども必要となる。

こうした環境保全、経済成長、貧困などへの取り組みには、国家の政府システムを通じた経済活動、すなわち財政が重要となる。それは、政府が、公権力を行使し、国民から強制的に税を調達し、無償で公共サービスを提供することができるからである。本章では、持続可能な社会の実現に向け、経済学や財政学のツールがどのように寄与しうるのかについて考察する。

2. 経済学・財政学の観点から持続可能な社会の実現を考える

「持続可能な開発のための2030アジェンダ」での経済、社会、環境の三側面での調和のとれた持続可能な開発について、別の捉え方がある。ヨハン・ロックストロームらは、SDGsの経済的、社会的、生態学的側面の新たな見方として、「経済圏」「社会圏」「生物圏」の3つが層をなしているウェディングケーキを提唱した[1]。図1に示しているSDGsのウェディングケーキは、生物圏が全体の土台として地球環境に深い関わりのある目標（目標6、目標13、目標14、目標15）が置かれ、その土台の上に社会圏として生活に必要な社会をつくる目標（目標1、目標2、目標3、目標4、目標5、目標7、目標11、目標16）が置かれ、さらに社会圏の上に経済圏として経済発展に必要な目標（目標8、目標9、目標10、目標12）が置かれ、これら3つの層を貫くように、国際社会のパートナーシップにより持続可能な社会の実現を目

第2章　経済学・財政学×地球環境・貧困×SDGs

指す目標17が置かれている。

　これは、社会的、経済的な分野の目標達成は、自然環境の持続可能性が前提条件であり、地球環境が持続可能でなければならないという考え方である。この考え方の背景には、ロックストロームらによる「プラネタリー・バウンダリー」の概念がある。プラネタリー・バウンダリーとは、地球環境が安定して人類が安全に活動できる範囲となる9項目を科学的に定義・定量化したものである[2]。プラネタリー・バウンダリーの範囲内であれば、人類は、健康に暮らし、繁栄することができ、平等と富の再分配という課題を克服し、幸福と平和を追求し、健康と安全を改善することができる。しかし、プラネタリー・バウンダリーを超えると、人類は、熱波、干ばつ、洪水、海面上昇などの問題に取り組みながら、貧困と飢餓、不平等などを克服しなければならなくなる[3]。したがって、SDGsのウェディングケーキは、地球環境が安定して機能する範囲内で、経済活動や社会活動を行う必要があるということを示している。

　また、ケイト・ラワースは、SDGsのウェディングケーキと同様の考え方で、地球環境を守りながら、人間の生活に必要なエネルギーや食糧も確保

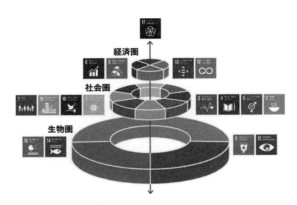

図1　SDGsの捉え方：SDGsのウェディングケーキ

出典：Azote for Stockholm Resilience Centre Stockholm University CCBY-ND 3.0. 〈https://www.stockholmresilience.org/research/research-news/2016-06-14-the-sdgs-wedding-cake.html〉。

していくという新しい経済モデルを構築し、「ドーナツ経済」と名付けた[4]。ドーナツの外側の環は、地球環境の上限を示しており、ロックストロームらが定めた9項目のプラネタリー・バウンダリーで構成されている。一方、ドーナツの内側の環は、12の社会的な土台（食糧、健康、教育、所得と仕事、平和と正義、政治的発言力、社会的平等、男女の平等、住居、ネットワーク、エネルギー、水と衛生）を示しており、これは「持続可能な開発のための2030アジェンダ」で採択された最低限の社会基準から導き出したものである。そして、社会的な土台と環境的な上限の間に、人類が繁栄できる環境的に安全で社会的に公正な空間があるとする。このモデルでは、地球資源を再利用し、廃棄物を次の活動に利用するなどして、資源が再循環する限り、多くの経済活動が可能となる。そうなれば、再分配によって、貧困と環境負荷を同時に対処することができる。ラワースは、分配的で環境再生的な経済に設計し直すことができれば、人類はおのずと経済成長へのこだわりを捨て、成長してもしなくても繁栄できる経済を築こうとし始めるという。

　また、ラワースは、分配的で環境再生的な経済の移行には、市場を上手に組み込むことや国家の役割を再検討し責任を明確にすることが必要であるという。国家の役割として、社会やその経済が繁栄できるよう、教育や医療から道路や街灯といった公共財を、お金を払える人だけでなく全ての人に提供することや、育児休暇制度、早期教育への投資、高齢者の介護といった家族に対して支援すること、有害物質の排出の禁止や労働者の権利の保護など公益を促進する制度や規制の中に市場を組み込むことで市場の力を利用することなどを挙げている[5]。

　こうした国家の役割は新しいものではなく、リチャード・A・マスグレイブが財政の機能として、資源配分機能、所得再分配機能、経済安定化機能、の3つに区分している[6]。資源配分機能とは、民間経済活動が市場を通じて調整されていくメカニズムだけでは重要な問題を全て解決することはできないため、市場による資源配分機能を政府が適切に調整する役割を果たすことである。所得再分配機能とは、市場経済では所得分配が必ずしも社会が認め

る公平さの要件を満たすことができないため、社会全体の治安や秩序を維持し経済活動を円滑化させるために、政府が所得分配を是正する役割を果たすことである。経済安定化機能とは、安全で安定した経済の実現のために、政府が財政政策によって景気変動の振り幅を抑制し、マクロ経済全体を安定化させる役割を果たすことである。

　持続可能な社会の実現と財政の機能との関連について、地球環境問題に対処するための財政の機能は、資源配分機能として位置づけられ、経済学的には**外部不経済**の問題として捉えられる。外部不経済とは、ある主体の消費や生産が市場を経由せずに（取引が行われる市場の外部で）、他の主体（消費者でも生産者でもない第三者）に負の影響を及ぼすことである。例えば、工場での商品の生産によって、地域住民に被害が生じているにもかかわらず、消費者も生産者も公害の費用や被害補償費用（外部費用）を考慮せずに商品が生産されると、市場価格に外部費用が反映されないため、社会的に最適な生産量よりも過大に商品が生産されるとき、外部不経済が発生しているという。この場合、市場の失敗が生じ、市場で最適な資源配分が達成されないので、政府による市場への介入が必要となる。その解決策として、外部不経済を内部化する**ピグー税**がある。当該商品に外部費用に相当する税を課し、（税込）価格を引き上げることで、商品の生産を抑制することができる。ヨーロッパで導入されている地球温暖化対策としての環境税や炭素税はこのピグー税の考え方に基づいている[7]。

　同様に、貧困や所得の不平等の問題に対処するための財政の機能は、所得再分配機能として位置づけられる。所得再分配とは、市場で分配された所得の状態を、国家が税制や社会保障給付を通じて、より平等な状態に向けて分配しなおすことである。税制では、**所得税の累進課税制度**がある。この制度は、所得が高くなるほど適用される税率が高くなる仕組みとなっており、負担能力に応じて税を課すことで、所得格差を是正することができる。また、社会保障給付では、公的扶助がある。生活困窮者に対して必要に応じて給付を行い、最低生活を保障する。なお、所得再分配政策においてどの程度の所得格

差を不平等とみなし、どの程度の分配状況が望ましいのかは、理論では一義的に決定できないため、政治過程に反映された社会的意思決定が必要となる。

3. 持続可能な社会の実現において期待される政府の活動

　ここでは、持続可能な社会の実現に向けて、地球環境・エネルギーと貧困・不平等を中心に、財政の役割と政策手法としての税制について考察する。

3.1　地球環境・エネルギー

　地球環境に関わるSDGsについて、目標13「気候変動に具体的な対策を」が挙げられる。温室効果ガス排出量について、気候変動に関する政府間パネル（IPCC）第6次評価報告書の見解である「世界全体の温室効果ガス排出量を2019年比で2030年までに43％、2035年までに60％削減し、2050年までにネットゼロにする」ことを目標に、各国でさまざまな取り組みが推進されている[8]。

　地球温暖化対策の手法のひとつに、経済的手法がある（表2）。経済的手法とは、市場メカニズムを前提とし、経済的インセンティブを通じて各主体の行動を誘導することによって政策目的を達成しようとする手法であり、補助金、税制優遇による財政的支援、課税等による経済的負担を課す方法、排出量取引、固定価格買取制度等がある。その利点として、温室効果ガス排出量の削減や技術開発に対し継続的なインセンティブが与えられることや、直接規制や枠組規制を執行することが困難な多数の主体に対して市場価格の変化等を通じて環境負荷の低減に有効に働きかける効果があることが挙げられる。

　そうした脱炭素社会の実現に向けた政策手法のひとつとして、**カーボンプライシング**がある。カーボンプライシングとは、炭素に価格を付け、排出者の行動を変容させる政策手法であり、炭素税や排出量取引が挙げられる[9]。

表2 地球温暖化対策における経済的手法

経済的手法	概要	特徴
補助金、税制優遇	特定の製品や施設等に関する補助金、税制優遇ほか	・補助や税制優遇等の対象となる設備や製品等の導入が進展することが期待される ・削減量に着目した措置であれば、一層の排出削減への経済的インセンティブを与える
エネルギー課税	化石燃料等に対する課税	・広く燃料に課税することで、エネルギーの消費パターンに影響を与え、結果として化石燃料の相対価格に影響を与える
炭素税	温室効果ガス排出量に応じた課税	・温室効果ガス排出量に応じて価格を付ける ・幅広い排出主体に対して負担を求めることができる
排出量取引	排出者の一定の期間における温室効果ガス排出量の限度を定め、他の排出者との取引を認める	・温室効果ガス排出量に応じて価格を付ける ・制度対象者について、総量削減を費用効率的な形で確実に実現できる
固定価格買取制度	電気事業者に、一定の価格・期間・条件で再生可能エネルギー由来の電気の買取りを義務付ける	・再生可能エネルギー導入時にかかる投資コストの回収期間が短縮され、確実に導入が促進できる

出典：環境省「カーボンプライシングのあり方に関する検討会」取りまとめ 参考資料集
〈https://www.env.go.jp/content/900440811.pdf〉、91頁をもとに作成。

　炭素税とは、電気を使用して排出した温室効果ガスの量に応じて企業や個人に税金を課すことである。温室効果ガス排出量が多くなれば炭素税の負担が重くなるため、炭素税は、温室効果ガスの発生を抑えようとする経済的インセンティブを与えることができる。つまり、炭素税は、市場メカニズムに温室効果ガスを削減しようとする行動を組み込む役割を果たすものであり、徴収された税収は、地球環境問題への対処の財源として活用でき、環境保全につながる。

また、排出量取引とは、企業ごとに温室効果ガス排出量の上限（排出枠）を決め、それを超える企業と下回る企業との間で温室効果ガス排出量を取引することである。排出量を超えてしまった企業は、枠を購入することで差し引いて温室効果ガスの排出を削減したとみなすことができ、排出枠が余った企業は、枠を売却することができるため、企業に温室効果ガスの排出を削減させようとする経済的インセンティブを与えることができる。

　気候変動対策に関連したSDGsには、目標7「エネルギーをみんなにそしてクリーンに」がある。持続可能な社会の実現には、温室効果ガスを排出せずエネルギー自給率を高めることができる再生可能エネルギーを普及させる必要がある。表2に挙げた固定価格買取制度は、相対的にコストが高い再生可能エネルギーの発電設備の導入を促進するため、電気事業者に対し、再生可能エネルギーで発電した電気を一定期間、一定価格での買い取りを政府が義務づける制度である。再生可能エネルギーの発電事業者に対して固定価格での長期の買い取りを保証することによって、事業収益の見込みを高めることができる。そして、再生可能エネルギーの発電に参入するリスクを低減させることで、新たな再生可能エネルギー市場を創出し、市場拡大に伴い、スケールメリットや習熟効果により、コストが低減し、再生可能エネルギーの自立を促すことが期待される。

　再生可能エネルギーの普及に向け、電力分野だけでなく、鉄鋼産業や自動車産業などにおける技術開発投資やインフラ整備には、大規模で長期的な民間投資や公共投資が必要となる。日本では、2030年頃までに150兆円を超える官民の投資が必要とされ、国として長期で複数年度にわたり投資を促進するために、2023年度から10年間で20兆円規模の脱炭素成長型経済構造移行債（GX経済移行債）を発行し、先行投資への支援を実施することとなった。この借金を返済していくための財源には、カーボンプライシングによって調達された資金が充てられる。こうした巨額な投資により、再生可能エネルギー関連分野が成長し、雇用が創出され、環境保全と経済成長の相乗効果が期待される。

また、気候変動対策や再生可能エネルギーの普及と関連するSDGsとして、目標12「つくる責任つかう責任」も挙げられる。現在は、天然資源を大量に投入するとともに、生産や消費の結果としての大量の廃棄物や排出ガス、排水等を放出するという、大量生産・大量消費・大量廃棄型の経済活動が中心であり、原材料、生産、利用、廃棄物の流れが一方通行型の線形経済（リニアエコノミー）である。リニアエコノミーは、物質循環を阻害し、気候変動や天然資源の枯渇、生物多様性の破壊などのさまざまな環境問題を引き起こし、悪化させている。そのため、製品を生産する段階から資源の回収や再利用を前提とした循環経済（サーキュラーエコノミー）という経済活動に転換する必要がある（図2）。資源の投入量と消費量を抑え、既存の資源を有効活用し、付加価値を生み出すサーキュラーエコノミーを普及させる経済的手法として、地球環境に負荷を与える行為には重く課税し、逆の行為には軽く課税する「**グッド減税、バッド課税**」という考え方は、各主体に大量消費や大量廃棄を抑えようとする経済的インセンティブを与えることができると考えられる[10]。

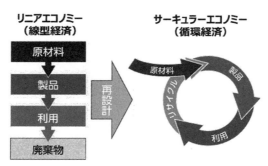

図2　リニアエコノミーとサーキュラーエコノミー
出典：環境省「令和3年版　環境白書・循環型社会白書・生物多様性白書」〈https://www.env.go.jp/policy/hakusyo/r03/pdf/0_maetsuki_contents.pdf〉、45頁。

3.2 貧困・不平等

　持続可能な社会の実現に向けて、SDGsでは、目標1「貧困をなくそう」を掲げ、あらゆる場所で、あらゆる形態の貧困に終止符を打つことを目指している。貧困とは、所得が十分でなく、生活が困窮して、教育、仕事、食糧、保健医療、飲料水、住居、エネルギーなど最も基本的な物やサービスを手に入れられず、生命や健康に影響を与える状態のことである。市場社会では、市場経済に内在する経済の不安定要因である不況によって貧困リスクが上昇する。また、誰もが人生の中で遭遇する可能性のあるさまざまなリスク、例えば、退職や失業、傷病による所得の減少が契機となって貧困状態に陥る。そして、貧困は、目標10「人や国の不平等をなくそう」とも関わっている。所得や賃金の不平等は、健康や教育の不平等をもたらし、貧困の連鎖を生み出して社会や経済の発展を妨げる。ターゲット10.4「税制、賃金、社会保障政策をはじめとする政策を導入し、平等の拡大を漸進的に達成する」には、所得再分配政策と賃金政策による不平等の是正が含まれ、政府の役割が期待されている。

　所得再分配政策とは、市場で分配された所得の状態を、国家が税制や社会保障給付を通じて、より平等な状態に向けて所得を分配し直すことである。税制による所得再分配政策には、所得税の累進課税制度がある。累進課税制度とは、所得が高くなるほど適用される税率が高くなる仕組みのことである。それによって、高所得者には税負担を高くし、低所得者には税負担を軽くするもしくは免税することを通じて、所得の不平等の広がりを是正することができる。所得再分配政策の手法としての税制については、他の方法に比較して市場経済への干渉の度合いが少なく、また、税制を通じて特定の職業に従事する者のみでなく、社会の全ての構成員に再分配の効果を及ぼしうる、という理由から最も適切であるといわれている[11]。

　一方、社会保障給付による所得再分配政策の形態には、現金給付と現物給付がある。市場社会では生活に必要な財やサービスは、労働市場で働き、賃

金を稼得すれば、市場で購入することができる。そのため、失業、疾病、高齢などの正当な理由で賃金を失えば、政府は、社会保険などでそれに代替する現金を給付し、さらに最低限の生活に必要な賃金すら稼得できない場合には、公的扶助として現金を給付し、最低所得を保障する。例えば、公的扶助は、税を財源にした高所得者層から低所得者層への所得再分配、また、公的年金制度は、保険料を主要な財源にした現役世代から高齢世代への世代間の所得再分配とみることができる。

もう一つの社会保障給付の形態である現物給付とは、保健医療や保育、介護、障害者福祉、教育などの個々人に割り当てることが可能な対人社会サービスのことである。こうした対人社会サービスについて、財政学者のマスグレイブは、**価値財**と位置づけている[12]。価値財とは、個々人に割り当てることができるので市場でも供給することが可能であっても、社会的に重要とみなされるので公的に供給されることが望ましいとされる財のことである。例えば、無償教育サービス、無償医療サービス、フードスタンプや低家賃住宅などのサービスは、国家的な広がりの便益をもつものであり、現物給付でも所得再分配機能は果たしうるという。実際には、対人社会サービスは必要に応じた給付を行うものであり、所得の多寡に関係なく、生活を支える基本的なサービスとして国民が平等にアクセスでき、国民の最低生活を保障するものである。このうち、保健医療や社会福祉サービスは全ての国で人間の生存にとって必須要素であり、SDGsの目標3「すべての人に健康と福祉を」と関連する。

また、貧困や不平等を解決するためには、人々が社会で生きていけるスキルを身につけることが必要である。これは、SDGsの目標4「質の高い教育をみんなに」と関連しており、全ての人々が性別や親の経済力の区別なく、生涯にわたり良質な教育や職業訓練への公正なアクセスを得られるようにすることである。教育によって、個人の能力や所得が向上し、豊かな自己実現を図ることができるようになり、教育を受けた特定の個人の利益になる。また、個々人の能力の向上によって、経済の供給側において労働生産性が高まり、イノベーションが進展し、中長期的な経済成長につながり、社会全体にも利

益をもたらす。教育は、経済学的には**外部経済**の問題として捉えることができる。外部経済とは、ある主体の消費や生産が市場を経由せずに他の主体に正の影響を及ぼすことである。教育で得た知識は、仕事などを通じて、周りの人たちにも波及する。大卒者が多い地域ほど、高卒者の所得が高くなるという実証分析もある[13]。教育の外部効果が大きいほど、政府は、教育の無償化やリカレント教育を含む教育支援、職業訓練やリスキリングへの支援を拡充することが望ましいといえる。

SDGsの目標8「働きがいも経済成長も」は、雇用の持続可能性への配慮や経済的社会的平等という点で、目標1、目標4、目標10と関連している。働きがいのある人間らしい雇用（ディーセント・ワーク）の実現には、先に述べた失業に対する現金給付、職業訓練のほかに、最低賃金や労働時間の法定労働基準、男女間や労働形態による賃金格差や就労機会の解消、労使関係の安定などを含む労働政策の拡充も挙げられる。経済成長と貧困や不平等の拡大との関係は、所得再分配政策のあり方の問題ともいえる。したがって所得再分配政策を労働政策など関連する政策を含め幅広く捉えることもできる。

4. 地球規模での取り組み：グローバル・タックス構想

世界では、1日あたり2.15ドル未満で生活している人々は、2010年から2019年の間に40％減少したが、2023年は約7億人が極度の貧困状態にある[14]。また、2021年時点で世界の上位1％の富裕層が世界全体の資産の38％を保有しているのに対し、世界の下位50％が保有する資産を全て合わせても世界全体の資産の2％でしかない状態である[15]。

気候変動に関しては、1990年から2015年の25年間で、世界の人々が排出する二酸化炭素の総量のうち、世界の上位1％の富裕層が、世界人口の下位50％を占める貧困層の二酸化炭素排出量の合計の2倍以上の二酸化炭素を排出しており、上位10％までの富裕層の二酸化炭素排出量は世界全体の

52％を占めている[16]。また、開発途上国での世界の気候変動対策の資金として、2030年までに約6兆ドルが必要であるという[17]。

国連貿易開発会議（UNCTAD）によると、2014年時点では、SDGsの達成には開発途上国だけで年間約3.9兆ドルの資金が必要とされているが、実際には、官民合わせて約1.4兆ドルにとどまっており、資金不足額は年間で約2.5兆ドルであったが[18]、2023年時点では、新たなニーズも加わり、年間4兆ドルの資金が不足しているという[19]。貧困や環境破壊などの地球規模の問題への取り組みに対し、先進国から開発途上国への政府開発援助（ODA）が一定の役割を果たしている。しかし、現状では資金が足りず、その上、先進国の国益、財政事情、民間企業の動向に左右されるため、受入国である開発途上国が継続的に安定的に資金を確保できない可能性がある。

SDGsの目標17「パートナーシップで目標を達成しよう」には、ターゲット17.2のODAに関する目標のほかに、ターゲット17.1「課税及び徴税能力の向上のため、開発途上国への国際的な支援なども通じて、国内資源の動員を強化する」やターゲット17.3「複数の財源から、開発途上国のための追加的資金源を動員する」が掲げられており、貧困や地球環境問題に直面する開発途上国での問題解決のための資金を確保するために既存の調達方法に加え、新たな調達方法を模索する必要がある。

そうした中、さまざまな主体が国境を越えてグローバルに展開している以上、これまでの各国単位での対策だけでは限界があり、国を超えた革新的な構想や政策を打ち出すことに世界的に関心が高まっている。その一つが、グローバル・タックスである。グローバル・タックスとは、グローバル化した地球社会を1つの「国」とみなし、地球規模で新たな税制を設けることである[20]。グローバル・タックスが必要な理由として、①貧困削減や気候変動対策など国境を超えるグローバルな課題を解決するための新たな資金を創出すること、②国境を超える経済活動やグローバルな資産に税を課すことで、地球社会に悪影響を与える活動を抑制することが求められていること、③人類はグローバル化の恩恵を受けている一方で、地球規模で負の影響を与えているため、

その責任と義務を経済的に果たすことが求められていることなどが挙げられる[21]。

　グローバル・タックスの起源は19世紀後半までさかのぼることができる。グローバル・タックスはこれまでそれぞれの時代で国際的な課題に対する財源調達の方法として構想されてきた[22]。2000年代をみると、「ミレニアム開発目標（MDGs）」が2000年に採択され、その目標達成に必要となる資金の確保のためにODAを補完する新たな資金調達方法「革新的資金調達メカニズム」が提唱され、そのひとつとして**国際連帯税**の構想が具体化していく。それ以降、航空券連帯税や通貨取引税など、国際連帯税の導入や実現に向けた議論が進められている。以下では、SDGsに関連するグローバル・タックスを中心に考察する[23]。

　グローバル・タックスの実例として、2006年にフランスが先駆的に導入した航空券連帯税がある。航空券連帯税は、出国する国際線の航空料金に上乗せする形で低い税率をかけ、その財源を国際医薬品購入機関「ユニットエイド（UNITAID）」を介して開発途上国にHIV/エイズ・結核・マラリアなどの感染症対策の支援に利用するというものである。収入額が予測できる財源であり、医薬品を大量に定期的に低価格で購入でき、安定的に開発途上国に供給できる。航空機を利用できる者から広く税を徴収し、貧困層へ医薬品を援助するという現物給付による再分配が国際的に行われているといえる。

　また、**トービン税**の構想に立脚するEUの金融取引税の構想がある。トービン税とは、経済学者ジェームス・トービンが提唱した税制度で、国境を超える通貨取引に対して一律の税率で課税することで、国際的な資金移動を一定以下に抑え、経済を安定させようとする税制度である[24]。トービン税を低い税率で導入すれば、短期的な投機目的の高頻度の通貨取引の税負担が大幅に引き上げられるので、投機が自動的に抑制されることになる。トービン税の構想による通貨取引への課税は、規制面と税収面の両面の効果が見込まれるため、世界的な金融危機を背景に、通貨取引税や金融取引税の構想につながっていった。その中で、2013年2月に欧州委員会はEU加盟国のうち11

か国による金融取引税の導入に向けた指令案を公表した[25]。その課税目的として、金融機関に2008年以降の金融危機への対処費用のうち、その公平な割合を負担させ、他の経済セクターとの課税上の公平性を回復すること、金融市場の効率性を阻害する投機的取引の抑制としての政策手法を創出することが挙げられている。課税対象は、主に株式、債券、デリバティブの3つの金融商品の取引とし、これらの金融取引を行う金融機関の売り手と買い手の双方に課税することが提案されている。なお、金融取引税の導入は、当初は2014年1月としていたが、EU加盟国や金融業界の反対などがあり、議論を進めているが、導入に至っていない。

経済のグローバル化は、開発途上国の貧困や不平等という問題だけでなく、先進国の国内での貧困や不平等の拡大ももたらしている。経済学者トマ・ピケティは、国際的な不平等の拡大の実態を明らかにし、不平等と貧困問題を解決するためには、あらゆる種類の資産に対する累進的な年次課税であるグローバル資本税の導入を主張している[26]。グローバル資本税は、納税者の国内純資産に加え、国際純資産もその課税対象とする。ただし、導入にあたっては、国境を越えた経済活動による資金の流れや資産の状況について、各国が情報収集し、自動的に共有するシステムの構築が必要であるという。そのような世界各国の協調により、国内外の純資産額を正確に把握し、累進的に課税することで、国際的な富の再分配と資産格差の是正を図ることができる。グローバル資本税の目的として、資本主義経済のコントロールが挙げられる。資本蓄積による格差の抑制に加え、金融危機の回避のために国際的金融システムを規制するという考え方を示している。そういう意味で、グローバル資本税も通貨取引税や金融取引税と同様に、グローバル化の負の影響を抑制する新しいグローバル・タックス構想のひとつといえる[27]。

気候変動に対する資金調達として、二酸化炭素の排出に応じて課税し、二酸化炭素の排出を削減しつつ、巨額の資金を生む仕組みとして地球炭素税の構想がある。例えば、スイス政府が国際社会に提案している構想は、全ての化石燃料を対象に二酸化炭素を1トンあたり2ドルの税率で課税する。た

だし、1人あたり二酸化炭素排出量が1.5トン以下の低所得国は課税されないというものである。税収は、年間約5兆円と推計され、それらは、低所得国が温暖化の悪影響に対応することを支援するための多国間適応基金と、各国の温暖化対策のための国別気候変動基金に振り分け、低・中所得国は2つの基金を通じて、年間約4兆円の資金を確保でき、高所得国から低・中所得国への富の再分配が実現できるものである。このスイスの提案をもとにして高い税率で課税し、開発途上国の負担が軽減される仕組みを考えれば、二酸化炭素の排出を効果的に削減しながら、安定的に税収を確保できるようになる[28]。

また、EUでは、欧州グリーン・ディールの実現に向けた気候変動対策の一環として、2023年5月に「炭素国境調整措置（CBAM）」が導入された[29]。CBAMとは、EU域外から域内への特定の輸入品に対して、EU排出量取引制度（EU-ETS）に相当する排出量の対価を義務づける、つまり、環境規制の緩やかな国からの輸入に事実上の関税をかけるものである。EU域内の企業が厳しい環境規制を逃れるために温室効果ガスの排出規制の緩やかな国に温室効果ガス排出量の多い企業が基盤を移すことで、結果的に排出量が増加するカーボンリーケージ（炭素漏出）を防ぐことが目的である。EU域内で温室効果ガスの排出が削減されても、カーボンリーケージが発生すれば世界全体の排出量はむしろ増加する可能性があるためである。制度の基本的な仕組みとして、CBAMの対象は、当初はカーボンリーケージのリスクが高い製品であるセメント、肥料、鉄鋼、アルミニウム、化学（水素）、電力の6分野とし、対象製品をEU域外から輸入するEU域内事業者は、製品輸入量と体化排出量（EU域外からの輸入対象製品の生産時の温室効果ガスの排出量）を記載した「CBAM報告書」の提出を義務づける。2026年のCBAM本格適用後、輸入事業者は温室効果ガス排出量に見合った価格を支払い、認可CBAM申告者としての認可を受けた輸入事業者のみが対象製品をEUに輸入できることになる。このEUのCBAMを契機に世界で脱炭素への取り組みが広がることが期待できる。

最後に、グローバル・タックスを導入するためのルールづくりについて触れておく。国家には課税権があるので、国家の課税権が国家の領域を超えてどこまで及ぶのかが問題になる。実際にグローバル・タックスのような国家を超えた税の仕組みを導入する場合、ルールについての国際的な合意形成を行うひとつのアイデアとして、国際的なルールを条約で定め、それに賛成する各国が条約を批准承認する形で合意を広げていく方法が考えられる。なお、条約に批准した国々においても、国家が国民や企業に対して新たに税を課したり、これまでの税負担を変更したりする場合には、租税法律主義に則って、法律の定めに基づくものでなければならない。したがって、最終的には、それぞれの国の議会において、条約の内容を実施するために法律を成立させる必要がある。

5. 持続可能な社会の実現のために必要なこと

　世界経済のグローバル化により、地球環境や貧困・不平等の問題は近年深刻さの度合いを一層増している。そうした問題の解決のために、本章では、地球温暖化対策のために温室効果ガスの排出に応じて負担する環境税や所得再分配を目的とする累進的な所得税など、税収の確保のみならず、政策手法のひとつとしての税制の考え方を示してきた。環境汚染や高頻度の金融取引に対し、経済主体の行動を変容させるための政策手法として、経済主体が社会にとって望ましくない行動をとっている場合は、その行動を抑制するために税金を課す。また、累進課税制度は、担税力に応じて公平に負担する仕組みであり、社会保障給付等の歳出とあいまって、所得や資産の再分配を図る役割を果たす社会政策課税として位置づけられる。税制によって、環境問題や社会課題を解決しつつ、持続可能な社会に向け、経済発展の基軸を転換させることができる。

　環境破壊や貧困は、人間自身がつくり出しているもので、人間によって解

決可能な問題であるはずである。グローバル化、貧困、格差の拡大、環境破壊といった状況の中で、新たな視点から租税体系を考える必要性は増している。その際、自国の人々だけでなく、他の国や地域の人々のことを考慮し、地球規模の問題解決のために、どこまで責任を負い、どの程度の資金を提供するかを考える必要がある。特に、地球環境問題については、これから生まれてくる将来世代のことも考慮しなければならない。持続可能な社会の実現に向けて、この社会の未来とそこで暮らす人々のために、どのように税を課し、それをどのように使っていくのか、考えていくことが重要であろう。

注

1) Stockholm Resilience Centre "Sustainable development goals The SDGs wedding cake" 〈https://www.stockholmresilience.org/research/research-news/2016-06-14-the-sdgs-wedding-cake.html〉（2024.7.30アクセス確認）
2) 9項目とは、気候変動、成層圏オゾンの破壊、海洋酸性化、生物多様性、土地利用変化、淡水利用、栄養素（窒素、リン）、新規化学物質（農薬、重金属、プラスチックなど）、大気エアロゾルの負荷である。
3) Owen Gaffney and Johan Rockström, *Breaking Boundaries: The Science of Our Planet*, Dorling Kindersley, 2021, p. 76.（オーウェン・ガフニー、ヨハン・ロックストローム『地球の限界——温暖化と地球の危機を解決する方法』戸田早紀訳、河出書房新社、2022年、99-100頁）
4) Kate Raworth, *Doughnut Economics: Seven Ways to Think Like a 21st-Century Economist*, Random House Business Books, 2017.（ケイト・ラワース『ドーナツ経済学が世界を救う——人類と地球のためのパラダイムシフト』黒輪篤嗣訳、河出書房新社、2018年）
5) *Ibid*., p. 73. 同上書、100頁。
6) R. A. Musgrave, *The Theory of Public Finance: A Study in Public Economy*, McGraw-Hill, 1959.（マスグレイヴ『財政理論——公共経済の研究』1・2・3、大阪大学財政研究会訳、有斐閣、1961-1962年）
7) この型の課税は、最初の提唱者の経済学者A. C. ピグーにちなんで、ピグー税と呼ばれる。A. C. Pigou, *The Economics of Welfare,* Macmillan, 1920が初版。参照したのは、A. C. ピグウ『ピグウ厚生経済学』気賀健三など共訳、東洋経済新報社、1965年（Macmillan 1952 4th ed., [reprinted with eight new Appendices] の翻訳書）。
8) 日本では、2020年10月に2050年までに温室効果ガスの排出を全体としてゼロにする

カーボンニュートラルを目指すことを宣言した。
9）このほか、日本では、温室効果ガスの削減を「価値」とみなして証書化し、売買取引を行うクレジット取引が実施されている。また、温室効果ガス排出量ではなくエネルギー消費量に対し課税されるもの（石油石炭税などエネルギー課税）や、規制や基準の遵守のために排出削減コストがかかるものも、消費者や生産者に対し間接的に排出削減の価格を課していることから、暗示的炭素価格と呼ばれることがある。
10）伊藤恭彦「タックス・ジャスティス入門――これからの「税の正義」の話をしよう（11）地球環境税とグローバル・タックス」『税務弘報』66(12)、2018年、140頁。
11）金子宏『租税法』第24版、弘文堂、2021年、4-6頁。
12）R. A. Musgrave, *Fiscal Systems*, Yale University Press, 1969, pp. 81-83.（マスグレイヴ『財政組織論――各国の比較』大阪大学財政研究会訳、有斐閣、1972年、72-73頁）
13）例えば、Lange, Fabian, and Robert Topel. "Chapter 8 The Social Value of Education and Human Capital." *Handbook of the Economics of Education Volume 1*, 2006, pp. 459-509.
14）The World Bank Group "2023 in Nine Charts: A Growing Inequality"〈https://www.worldbank.org/en/news/feature/2023/12/18/2023-in-nine-charts-a-growing-inequality〉（2024.7.30アクセス確認）
15）World Inequality Lab "WORLD INEQUALITY REPORT 2022"〈https://wir2022.wid.world/www-site/uploads/2023/03/D_FINAL_WIL_RIM_RAPPORT_2303.pdf〉（2024.7.30アクセス確認）
16）Oxfam International "Confronting carbon inequality: Putting climate justice at the heart of the COVID-19 recovery. (published: 21st September 2020)"〈https://oxfamilibrary.openrepository.com/bitstream/handle/10546/621052/mb-confronting-carbon-inequality-210920-en.pdf〉（2024.7.30アクセス確認）
17）United Nations "The Sustainable Development Goals Report 2023: Special edition"〈https://desapublications.un.org/sites/default/files/publications/2023-08/The-Sustainable-Development-Goals-Report-2023.pdf〉（2024.7.30アクセス確認）
18）UNCTAD "World Investment Report 2014: Investing in the SDGs: An Action Plan"〈https://unctad.org/system/files/official-document/wir2014_en.pdf〉（2024.7.30アクセス確認）
19）UNCTAD "World Investment Report 2023: Investing in Sustainable Energy for All"〈https://unctad.org/system/files/official-document/wir2023_en.pdf〉（2024.7.30アクセス確認）
20）上村雄彦編著『グローバル・タックスの理論と実践――主権国家体制の限界を超えて』日本評論社、2019年、4頁。
21）上村雄彦編著『世界の富を再分配する30の方法――グローバル・タックスが世界を変

える』合同出版、2016年、52-53頁を参照。
22）グローバル・タックスの起源の詳細は、同上書、60-63頁を参照。
23）その他のグローバル・タックスの課税対象と税の種類については、グローバル連帯税推進協議会編「持続可能な開発目標の達成に向けた新しい政策科学――グローバル連帯税が切り拓く未来」『グローバル連帯税推進協議会最終報告書』、2015年12月1日〈http://isl-forum.jp/wp-content/uploads/2015/12/GST_Final-report.pdf〉、上村編著『世界の富を再分配する30の方法』、および上村編著『グローバル・タックスの理論と実践』を参照。
24）トービン税については、植田和弘、新岡智編『国際財政論』有斐閣、2010年、152-153頁を参照。
25）11か国とは、ベルギー、ドイツ、エストニア、ギリシャ、スペイン、フランス、イタリア、オーストリア、ポルトガル、スロベニア、スロバキアである。
26）Thomas Piketty, *Le Capital au XXIe siècle*, Seuil, 2013.（トマ・ピケティ『21世紀の資本』山形浩生、守岡桜、森本正史訳、みすず書房、2014年）
27）上村編著『世界の富を再分配する30の方法』、24頁、および諸富徹「ピケティの「グローバル富裕税」論」『現代思想』42(17)、2015年、114-128頁を参照。
28）地球炭素税については、上村編著『世界の富を再分配する30の方法』、69-71頁を参照。
29）日本貿易振興機構「EU　炭素国境調整メカニズム（CBAM）の解説（基礎編）」（日本貿易振興機構（ジェトロ）調査部ブリュッセル事務所、2024年2月）〈https://www.jetro.go.jp/ext_images/_Reports/01/b56f3df1fcebeecd/20230036.pdf〉（2024.7.30アクセス確認）。

第3章
国際法×自然環境×SDGs
——環境問題の諸相とルール

　環境問題を法的に対応する、あるいは解決するとは、どういうことだろうか。国際法においては、環境条約を締結し、そのもとで採択された決議や決定を通じて、国家の共通認識を形成してきた。こうした共通認識は、国際社会が直面している環境問題に対し、国家の足並みをそろえる効果がある。「持続可能な開発」は、今日国際社会において幅広い支持を得ている概念のひとつである。本章では、国際法と環境問題の関係について整理し、「持続可能な開発」の位置づけを一考したうえで、関連諸条約を手掛かりに、特に気候変動や生物多様性などの自然環境が関わるSDGsの目標13、目標14、目標15に焦点をあて、国際法とSDGsの関わりを検討する。

1. はじめに

1.1 国際法と環境問題

　国際社会の法ともいわれる国際法（international law）は、主に国家間で結ばれる約束であり、その一形態として、条約がある。条約は、国家間の「合意」により成立し、条約を締結した国家は、締約国として、その合意内容を守らなければならない（*pacta sunt servanda*）。国際法上、国家同士は対等な関係にあるため、国際社会が共通して直面している課題の解決にあたっては、各国から代表者が集い、交渉や協議を通じて共通認識を形成し、合意したうえで対応を決定する。この点で国際法は、中央政府が存在し、一国の方向性を国家の単独意思で決定する国内法とは、大きく異なる。

　なお、グローバル化が進んだ現代においては、国家だけではなく、必要に

応じて、関連する国際組織、多国籍企業、非政府組織なども諸条約が開催する締約国会議（COP）に参加する。そこで条約の目的達成のために、さまざまな立場から主張される多様な意見は、時として条約のもとで採択される決議や決定に反映され、条約実施の実効性をもたらすことが期待されている。

　国境を接した二国間など限られた地域で生じていた環境問題が、次第に、国際社会全体で対応すべき多国間の国際問題として取り上げられたのは1970年代頃である。特に、西欧諸国による開発や先進国の国民の生活が豊かになったことを背景として、野生生物の生息地の喪失や顕著な普遍的価値を有する遺産の破壊、毛皮商品などの需要の高まりとともに野生生物種が著しく減少したことが問題となった。国際社会は、「特に水鳥の生息地として国際的に重要な湿地に関する条約」（ラムサール条約）、「世界の文化遺産及び自然遺産の保護に関する条約」（世界遺産条約）、「絶滅のおそれのある野生動植物の種の国際取引に関する条約」（ワシントン条約）を多国間環境条約として締結し、これらの問題に対応してきた。その後、国境を越えて多様な人間活動が展開されることにより、それまで想定していなかった環境問題が顕在化した。また、国際社会の環境への関心の高まりとともに、**防止原則、予防原則、世代間衡平**など、環境問題に対応するために、さまざまな環境に関わる法規範が形成されることになった。

　国際法の中でも環境に特化した法分野が国際環境法である。国際環境法は国家が現実に環境損害を受ける、あるいは受ける可能性がある場合に、その解決策として、そうした損害からの救済と防止および予防するためのルールであり、国際社会全体で、国家が共通して直面した重大かつ深刻な環境問題を解決する役割が期待されている。

1.2　国際法とSDGs

　国際法と持続可能な開発目標（SDGs）には、どのようなつながりがあるのだろうか。2015年にアメリカ・ニューヨークにおいて、国連持続可能な

開発サミットが開催された。その成果文書である「我々の世界を変革する：持続可能な開発のための2030アジェンダ」において、「新アジェンダは、国際法の尊重を含め、国連憲章の目的と原則によって導かれる。世界人権宣言、国際人権諸条約、ミレニアム宣言及び2005年サミット成果文書にも基礎を置く。また「発展の権利に関する宣言」などその他の合意も参照される」ことが主要原則として明示されていることから[1]、SDGsは国連憲章をはじめとする国際法に基礎を置いていることがわかる。

2. 国際法における「持続可能な開発」

2.1 概念の生成

「持続可能な開発」という用語は、主に経済社会開発の流れをもつSDGsの議論とは異なり、もともとは、環境持続性が主題となる国連会議の流れの中で議論されてきた。

1972年にスウェーデン・ストックホルムにおいて、国連人間環境会議が開催された。同会議では、環境保護と経済開発をめぐり、大気汚染などに対応したい先進国と環境保護の強化により自国の開発に支障が出ることを懸念した開発途上国の対立が明らかになった。最終的に成果文書であるストックホルム宣言においては、開発途上国の意見に寄り添うかたちで、環境保護のための援助や開発の必要性と環境保護の必要性を調整する総合的な計画の実施などが盛り込まれた。その後、1980年に発表された「世界自然資源保全戦略」において開発と保全の統合の必要性が確認され[2]、1982年に採択された「世界自然憲章」では、環境問題の一層の深刻化に伴い、開発途上国の姿勢が転換され、地球環境それ自体を保護法益として捉えられるようになった。さらに、「持続可能な開発」は、1987年に環境と開発に関する世界委員会が公表した報告書「我ら共有の未来」において具体化され、新たな概念として

提唱され[3]、持続可能な開発の理念については、「「環境の能力」の「持続可能性」に配慮しつつ人々の「ニーズ」を充たすこと」と一応考えることができる[4]。

　環境配慮型の開発を実現するために、1992年に開催された国連環境開発会議では「環境と開発に関するリオ宣言」が採択され、同宣言において、持続可能な開発が人間の中心（centre of concerns）であり（第1原則）、持続可能な開発を達成するためには、環境保護と開発は不可分であることが宣言された（第4原則）。また、「環境を保護するため、国家はその能力に応じて予防的方策を広く適用しなければならない。深刻なまたは回復不可能な損害を被るおそれがある場合には、完全な科学的確実性が欠如していることを口実にして、費用対効果の大きな環境悪化を防ぐ対策を延期してはならない」（第15原則）として、**予防原則**が明文化された[5]。そのため、実際に環境損害が生じていない場合や科学的根拠に基づいて十分に発生しうる環境損害が証明できない場合であっても、予見しうる環境損害が不可逆的であるときには、事前に調整することにより持続可能な開発と環境保護を調和可能であることが示された。

　その後、2001年に採択されたSDGsの前身である「ミレニアム開発目標」では、開発途上国が抱える課題を中心に国際社会が協力すべき8つの目標のうち目標7において「環境の持続可能性の確保」が自然環境と生活環境の両方に関わる目標として掲げられた。同目標のもととなったミレニアム宣言では、より具体的に持続可能な開発原則の再確認や温室効果ガスの排出削減、森林管理や保全、自然災害への協力強化などに言及された[6]。SDGsでは、目標13、目標14、目標15が環境に関わる項目として、細分化して目標が追加されている。

　以上のように、国際社会における経済、社会、環境の相互関連性と統合性が不可欠な要素であるとの認識の変化のもと、さまざまな環境分野において、先進国と開発途上国が持続可能な開発に向けて同一の方向に歩みを進めている[7]。

2.2　環境条約における「持続可能な開発」

　「持続可能な開発」の概念の形成や用語が成立する前から、環境条約には類似の概念あるいは環境と開発の両立に配慮する条約は存在した。

　1971年にイラン・ラムサールにおいて採択され、1975年に発効したラムサール条約は、大きく3つの柱（湿地保全・再生、湿地の「**賢明な利用**」、「コミュニケーション、能力開発、教育、参加、普及啓発」（CEPA）で構成される条約である。田んぼや遊水池などに代表されるように、湿地は人間にとっても、経済的、学術的、文化的にも重要な役割を担っていることから[8]、ラムサール条約は渡り鳥とその生息地として国際的に重要な湿地の保全だけではなく、人間と湿地の共存や共生を条約の目的としている[9]。

　湿地は、一国内に存在しているため、一見すると、国内法に基づいた湿地保全で十分であり、他国との連携は不要のようにみえる。しかし、各国の湿地は、渡り鳥の繁殖地、中継地、越冬地であり、どの湿地も渡り鳥にとって不可欠な生息地となる。そのため、国家間が協力し、同一レベルで湿地を保全することで、渡り鳥を保護することが可能になる。

　ラムサール条約では、締約国に対し、湿地保全の促進とその領域内の湿地をできる限り賢明に利用（wise use）することを促進するために、計画の作成と実施を要請している（第3条1項）。賢明な利用には、湿地保全と開発を両立することが含意されるが、ラムサール条約の条約制定当時は、まだ持続可能な利用などの用語は存在していなかった。そのため、1987年に開催されたCOP3において、賢明な利用と持続可能な利用は同義であることが確認された[10]。2005年に開催されたCOP9においては、決議Ⅸ.1附属書Aにおいて「湿地の賢明な利用及びその生態学的特徴を維持するための概念的枠組み」において、「賢明な利用とは、持続可能な開発の考え方に立って、エコシステムアプローチの実施を通じて、その生態学的特徴を維持することである」と定義された[11]。そのため、国際社会のニーズや時代の流れとともに条文の用語の定義を変更してきており、現在においては、単に湿地保全に

配慮し開発をしてもよいということではなく、湿地生態系を維持していなければ、賢明な利用を意味しないという、締約国に対し踏み込んだ要求を通じて湿地保全の強化を図っている点で、画期的である。

3. SDGsと国際環境法

3.1 気候変動とSDGs目標13

　気候変動は、太陽の活動の変化や大規模な火山の噴火などによる自然現象としても生じるが、1800年代以降は、主に人間活動が気候変動の原因となっている。

　SDGs目標13は、気候変動問題の解決を掲げており、具体的には、「気候変動とその影響に立ち向かうため、緊急対策を取る」ことが求められている。目標達成のために5つの個別目標を設定している[12]。すなわち、自然災害への強靱性の強化（目標13.1）、気候変動対策の国内政策などへの組み込み（目標13.2）、気候変動の緩和や適応などに関する気候変動教育や制度機能の改善（目標13.3）、資金提供（目標13.a）、ジェンダーを含めた能力開発の推進（目標13.b）である。

　気候変動に関しては、1990年代はじめに法制度が構築されてきた。時代の流れとともに、国家に対し、政策、戦略、計画などに気候変動対策を盛り込むことを要請することを通じて法的に対応してきた。

　以下では、「国連気候変動枠組条約（UNFCCC）」、「京都議定書」、「パリ協定」を手掛かりに、国際社会における気候変動への対応とSDGsとの関連を整理する。

（1）国連気候変動枠組条約

　UNFCCCは、地球温暖化などの気候変動に対応するために1992年に採

択され、1994年に発効された条約である。同条約は、「大気中の温室効果ガスの濃度を安定化させることを究極的な目的」としている（第2条）。

同条約上の気候変動とは「地球の大気の組成を変化させる人間活動に直接又は間接に起因する気候の変化であって、比較可能な期間において観測される気候の自然な変動に対して追加的に生ずるものをいう」（第1条2項）。また同条における人間活動は、主に先進国の開発行為を背景としていたため、将来的に開発を希望する開発途上国は、地球温暖化に対する責任は先進国にあることを強く主張していた。

そこで、UNFCCCの交渉においては、「**共通だが差異ある原則**」が掲げられ、温室効果ガスの削減目標を先進国と開発途上国とで取り扱いを異にすることを通じて（第4条）、少しでも多くの国家がUNFCCCに加盟しやすくなる工夫がなされた。

(2) 京都議定書（2020年までの対応）

UNFCCCは、「枠組」条約であるため、気候変動問題に対する国際社会が向かうべき方向性を定めたにすぎない。地球温暖化の主要因となる温室効果ガスの排出量の具体的な削減義務は、UNFCCCの目的を達成するための手段として1997年に採択された京都議定書が定めており、先進国などの附属書Ⅰ国が、温室効果ガス排出量の削減義務がある。各国の削減量は交渉によって、国家ごとに異なる目標が設定され（附属書B）、2008年から2012年の間に、1990年を基準として6種類の温室効果ガスの総排出量を、先進国全体で少なくとも5％を削減することが合意された。一方、開発途上国などの非附属書Ⅰ国は、努力義務にとどまり、削減義務は課されなかった。

京都議定書は、温室効果ガスを多く排出すると想定された開発途上国による排出削減が義務づけられなかった点で実効的ではないとする批判もあったが、そもそも各国の気候変動対策に対する認識が完全に異なる時代に、国際社会全体で取り組む課題であることを認識し、対応策の差はあれど多数国家を同一の方向に導いた点に意義がある。

UNFCCCの近年の動向は、2023年11月にアラブ首長国連邦・ドバイで開催されたCOP28にみることができる。同会議では、地球温暖化の要因のひとつである化石燃料への対応として、温室効果ガスの排出を実質的になくすという化石燃料からの「脱却」（transitioning away）が成果文書に明記された。先進国や島嶼国などが求めた化石燃料の「段階的な廃止」（phase out）と比較すると、やや消極的な表現での合意となったが、産油国であるアラブ首長国連邦が議長のもと、COPで初めて化石燃料の利用に関して、削減の強化や促進するための明確な転換を定めた合意に至った点に意義がある[13]。

なお、最近動向として、2024年11月にCOP29が開催され、「気候資金に関する新規合同数値目標」、「緩和作業計画」、「パリ協定6条に関する市場メカニズム」などがパッケージとなった"Baku Climate Unity Pact"が成果として採択された。

(3) パリ協定（2020年以降の対応）

パリ協定は、京都議定書の温室効果ガス排出削減の期間終了後、京都議定書の締結当時では想定していなかった問題や課題に対処するために、SDGsと同時期の2015年に採択された。パリ協定は、先進国か開発途上国かを問わず、すべての締約国が協力して、「世界全体の平均気温の上昇を工業化以前よりも摂氏2度高い水準を十分に下回るものに抑えること並びに世界全体の平均気温の上昇を工業化以前よりも摂氏1.5度高い水準までのものに制限するための努力」という世界全体の目標を掲げた（第2条）。気候変動に対応するため、一部の国家のみで温室効果ガスの排出量を削減することはせず、地球温暖化の要因となる温室効果ガスの排出削減量については、全ての締約国が国家別の数値目標を設定した。

目標とする排出削減量については、京都議定書と異なり、国家間交渉ではなく、加盟国は自国の国内事情を勘案し、国ごとに温室効果ガスの排出量をどの程度削減するのかを決定することができる。また、加盟国はその実施過

程を条約事務局に報告する義務があり、目標達成後に再度目標を設定するにあたっては、前回の排出削減量の目標よりも引き下げてはならないとする**目標引上制度**（no back sliding）を採用し、野心的な取り組みを締約国に要請した（第4条3項）。

さらに、パリ協定の効果的な実施のために、緩和（mitigation）と適応（adaptation）による地球温暖化への対応が急務となった。

前者は、温室効果ガス排出量の抑制、吸収源や貯蔵庫の保全強化などの対策である。例えば、吸収源や貯蔵庫の強化の対応として森林保全が挙げられる。森林の多くは開発途上国に存在しているため、開発途上国の経済的な利益を確保しながら森林減少や劣化を抑制することを通じて、二酸化炭素などの温室効果ガスの排出量削減を行い（REDD＋）、同時に生物多様性の保全や人間生活への恩恵をもたらす方法が検討された（第5条2項）。そのほかにも再生可能エネルギーの導入や化石燃料の廃止、**ブルーカーボン**などの海洋生態系の保全なども緩和策に含まれる。

後者は、すでに生じつつある気候変動の影響に備え、新しい気候変動への予防や軽減のための対策である。例えば、気候変動に起因する自然災害への備えや高温に強い農作物を開発することが挙げられる。気候変動による悪影響を最小限に抑制しつつ、気温上昇に伴う状況を利用することを通じて、生活を向上させるための取り組みも重要である。ただし、適応策には、国ごとに取るべき対策や優先順位が異なるため、条約上明確な数値目標が掲げられていない。

以上のように、「地球温暖化時代が終わり、地球沸騰化時代」が到来したといわれる中で[14]、気候変動に関わる諸条約は、SDGs目標13の個別目標の達成に向けて、気候変動に対する適応策と緩和策により法的側面から貢献している。

なお、パリ協定で明らかになった2度の気温上昇による海洋生態系や陸上生態系の損失、食糧や水の不足など他分野への影響と対応するかたちで、SDGs目標13以外の目標においても気候変動との関係が明示されている[15]。

第 3 章　国際法×自然環境× SDGs

例えば、貧困に関わる目標1の個別目標1.5は、気候変動が経済や社会に与える影響が特に貧困層や脆弱な状況にある人々との関係で問題となることを示しているほか、飢餓に関わる目標2は、個別目標2.4において気候変動による食料生産や農業への影響に鑑みた適応策の必要性を明示している。

3.2　海と SDGs 目標14

海洋交通の発達に伴い、人間活動の範囲が拡大していく中で、大型タンカーの座礁事故などの船舶に起因する海洋汚染、海洋上の人工構造物の建設、天然資源の採掘、海洋投棄、漁業管理などを背景として、海洋環境保全が必要となった。1954年には、油による海面汚濁を防止するために「海水油濁防止国際条約」が採択されるなど、特に、船舶汚染規制は比較的早期に対応がなされた分野である。

SDGs目標14は「持続可能な開発のために海洋・海洋資源を保全し、持続可能な形で利用する」ことを掲げており、同目標を達成するために10の個別目標が設定されている[16]。すなわち、陸上活動による汚染の防止と削減（目標14.1）、レジリエンスの強化と海洋及び沿岸の生態系の回復（目標14.2）、海洋酸性化の影響の最小限化（目標14.3）、漁獲の効果的規制（目標14.4）、沿岸域及び海域の保全（目標14.5）、過剰漁獲能力や過剰漁獲、無規制漁業などにつながる補助金の禁止、撤廃（目標14.6）、漁業、水産養殖及び観光の持続可能な管理による経済便益の増大（目標14.7）、科学的知識の増進、研究能力の向上、及び海洋技術の移転（目標14.a）、海洋資源及び市場へのアクセス提供（目標14.b）、国連海洋法条約（UNCLOS）に反映されている国際法を実施することにより、海洋及び海洋資源の保全及び持続可能な利用を強化（目標14.c）が挙げられる。

国際社会における海洋環境への対応は多様であり、いくつかの条約にみることができるが、本節では、SDGs目標14.cにおいて明示されているUNCLOSに焦点をあて、目標14.1、14.3、14.bと関連する課題について整

理し、併せて近年問題となっているプラスチックに関わる条約策定の動向を取り上げる。

(1) 国連海洋法条約

UNCLOSは、1982年に採択され、1994年に発効した海洋に関わる包括的な条約である。海洋環境への対応については、第12部「海洋環境の保護及び保全」(第192～235条)に掲げられる44か条にみることができる。そもそも海洋環境の汚染とは、「人間による海洋環境への物質又はエネルギーの直接的又は間接的な導入であって、生物資源及び海洋生物に対する害、人の健康に対する危険、海洋活動に対する障害、海水の水質を利用に適さなくすること並びに快適性の減殺のような有害な結果をもたらし又はもたらすおそれのあるもの」である(第1条1項(4))。締約国は、海洋環境保護および保全義務が課せられており(第192条)、陸上、大気、船舶、海底開発など、あらゆる汚染源に対して具体的な措置をとることが求められている(第194条)。また締約国に対し、協力や技術援助、監視、環境影響評価の実施を事前措置として求めている。損害の発生する可能性や発生した場合の通報、汚染時などの非常時の計画策定、調査計画、情報および資料交換なども義務づけられている。

近年では、2016年から公海や深海底など国際広域における海洋生物多様性(**BBNJ**)の保全と持続可能な利用に関する協定の準備が進められ、2023年6月にUNCLOSを補完するものとして「国家管轄権外区域の海洋生物多様性の保全及び持続可能な利用に関する国連海洋法条約の下での協定」が採択された。当初、開発途上国は公海とその海底の海洋生物資源について国際公共物として「**人類の共同遺産**」と捉え管理することを主張したが、先進国は公海自由の原則に基づく主張をし、南北対立が懸念されたが、海洋遺伝資源に関わる採集活動の事前通告、研究や技術促進、公正かつ衡平な利益配分の確保や海洋保護区などの区域管理など、「生物の多様性に関する条約」(生物多様性条約)(次節後述)では網羅できていなった部分を補完する

役割を果たした。

　もっとも、SDGs目標14.1との関係においては、UNCLOSだけではなく生物多様性条約も密接に関連する。同条約は、生物多様性への著しい悪影響を回避し、最小限にするための適当な手続きを導入することを締約国に求めている（第14条）。例えば、2012年に開催されたCOP11では、海洋ごみが生物多様性やその生息地に及ぼす悪影響に関する情報提供や海洋生物多様性への悪影響の防止および削減に関する指針を準備することが求められた（決定XI/18)[17]。

　なお、海洋環境の悪化により、二酸化炭素が海洋環境に多く溶け込んだ状態である海洋酸性化の極小化にあたっては、海洋投棄に関するロンドン条約が対応している。本来であれば海洋投棄などは規制対象行為になるが、海底パイプラインなど処分以外の目的で海の中に配置する場合は投棄とはみなされず規制対象外の行為となる。そのため、気候変動対策のために、海洋肥沃化活動のひとつとして行われる硫黄鉄などを海洋上に散布する行為は、正当な科学調査と評価される場合に限定して、認められている。SDGs目標14を通じて、海の豊かさだけではなく気候変動や生物多様性保全など統合的管理が推進され、環境保全の相乗効果が期待される。

（2）プラスチックごみに対する対応

　SDGs目標14.1は、「2025年までに、海洋ごみや富栄養化を含む、特に陸上活動による汚染など、あらゆる種類の海洋汚染を防止し、大幅に削減する」ことを掲げている。同目標を達成するために、国連では2017年から国連海洋会議が開催され、持続可能な開発のために、海洋生態系や、海洋資源を保全し、その持続可能な利用が求められた。特に、喫緊の課題として陸上起因の海洋ごみなどの廃棄物の最小化と削減の強化を掲げ、有害物質の放棄、紛失、廃棄された漁具などあらゆる種類の海洋汚染が海洋生物に影響があることが確認され、必要政策の実施や協力強化などが要請された[18]。

　海洋ごみの中でもプラスチック（海洋プラごみ）は、プランクトン、藻類、

魚類、甲殻類、鯨類などの海洋生物で広範囲に取り込まれるほか、多様な鳥類がつり具などに絡まり死に至るなど生態系に悪影響を及ぼしている。

国際社会においては、2015年に開催された主要国首脳会議（G7）において海洋プラごみに対処するための行動計画が策定され、2018年には、「海洋プラスチック憲章」が採択された。海洋プラごみ削減のための数値目標が盛り込まれたが、法的拘束力はなかったため、2022年国連環境総会において、法的拘束力のあるプラスチック汚染対策に関する条約策定に向けた合意がなされた。現在も政府間交渉が継続されており、条約の目的に明確な年限設定（目標数値）を盛り込むか、国家の対応として具体的なプラスチックの生産や供給に関わる制限を設ける積極的措置を採用するか否かなどが課題となっている。

3.3 生物多様性とSDGs目標15

生物多様性は多くの経済活動、特に農作物や畜産物、林業、漁業に関連する活動の中心にある。日々の生計を立てるために生物多様性に直接依存し、暮らしている人々が多数存在することから、単に生物多様性を保全するだけではなく、森林保全（森林減少と劣化に対する森林の回復と新規の植林、土地利用の再考など）の実施、動植物の密猟や違法な採取や取引などの問題にも対処する必要が生じた。

2012年に開催された「国連持続可能な開発会議」においては、加盟国は「生物多様性の本質的価値、ならびに生物多様性の生態学的、遺伝学的、社会的、経済的、科学的、教育的、文化的、レクリエーション的、美的価値と、持続可能な開発と人間の福利にとって重要な基盤である、必要不可欠なサービスを提供する生態系の維持におけるその重要な役割」が再確認された[19]。さらに、「世界的な生物多様性の損失と生態系の劣化の深刻さ」を認識し、この状況が食料安全保障、栄養、水へのアクセス、農村部の貧困層や世界中の人々の健康に及ぼす悪影響について強調された[20]。

SDGs目標15は、これらに対応するために、「陸域生態系の保護、回復、持続可能な利用の推進、持続可能な森林の経営、砂漠化への対処、ならびに土地劣化の阻止・回復及び生物多様性損失の阻止」を図ることを掲げた。同目標の実現のために、12の個別目標が設定された[21]。具体的には、生態系と**生態系サービス**の保全、回復、持続可能な利用の確保（目標15.1）、持続可能な森林経営と森林の回復および新規植林と再植林の増加（目標15.2）、砂漠化への対応と劣化した土壌の回復（目標15.3）、山地生態系の保全（目標15.4）、生物多様性の損失阻止と絶滅危惧種の保護（目標15.5）、遺伝資源の利用から生ずる利益の公正衡平配分と遺伝資源への適切なアクセスの推進（目標15.6）、密猟及び違法取引への対応（目標15.7）、外来種の侵入、駆除、根絶の対応（目標15.8）、国家や地方の戦略・会計などに生態系と生物多様性の価値の盛り込み（目標15.9）、生物多様性と生態系の保全と持続可能な利用のための資金増額（目標15.a）、持続可能な森林経営などのための資金調達（目標15.b）、地域コミュニティーの能力向上と支援強化（目標15.c）が挙げられる。

　SDGs目標15は、生物多様性の損失を包括的に阻止することに意義があり、衣食住、燃料の供給源となる森林、湿地、乾燥地、山地など陸上生態系の保全と回復および持続可能な利用が期待される。また、すべての国連加盟国が多国間環境条約と関連する国際的優先事項の同時実施をよりうまく同期させるための共通の枠組みを提供する[22]。

　国際環境法において、生物多様性の保全については、1990年以降繰り返し、その重要性が指摘されていた。以下では、「生物多様性条約」、「愛知目標」、「昆明・モントリオール生物多様性枠組」を手掛かりに、国際社会における生物多様性への対応と課題を検討する。

(1) 生物多様性条約

　生物多様性条約は、熱帯雨林の破壊などにより、生物の多様性の急速な減少を背景として、ブラジル・リオデジャネイロにおいて1992年に採択され、

1993年に発効した条約である。同条約には、(a) 生物の多様性の保全、(b) その構成要素の持続可能な利用、(c) 遺伝資源の利用から生ずる利益の公正かつ衡平な配分の大きく3つの目的が掲げられている（第1条）。同条約でいうところの、「生物の多様性」とは、すべての生物の間の変異性を指し、種内の多様性、種間の多様性、生態系の多様性が含まれるため（第2条）、目に見える動植物だけではなく、目に見えない微生物なども対象に含まれる。このような点から、それまで限定的であった生物の保全について、対象範囲が拡大し、包括的に対応することができるようになったことに特色がある。

　2000年には、生物多様性条約のもとに、「生物の多様性に関する条約のバイオセーフティに関するカルタヘナ議定書」が採択され、生物多様性の保全や持続可能な利用に悪影響を及ぼす可能性がある現代のバイオテクノロジーにより改変された生物（LMO）の国境を越えた移動に関わるルールが策定された。改変された生物に関しては、2010年に「バイオセーフティに関するカルタヘナ議定書の責任及び救済に関する名古屋・クアラルンプール補足議定書」が採択され、同生物に対する責任と救済に関するルールが策定された。また、同年に、「生物の多様性に関する条約の遺伝資源の取得の機会及びその利用から生ずる利益の公正かつ衡平な配分に関する名古屋議定書」が採択され、生物多様性の保全とその持続可能な利用のために、遺伝資源の取得の機会、技術の移転や資金供与の配分なども含む遺伝資源の利用から生ずる利益の公正かつ衡平な配分の詳細について策定された[23]。遺伝資源および当該資源に含まれる情報に関して、特に開発途上国において、自国内の遺伝資源の無秩序な利用、流出、喪失が懸念されており、遺伝資源のアクセスとその利用から生ずる利益配分の問題が顕在化していたため、資源保全の観点から対応してきた。

　生物多様性条約は、締約国に対し、生物多様性保全と持続可能な利用のための措置として、生物多様性保全に関わる国家戦略や計画を作成し、既存の戦略や計画について調整を要請しているほか（第6条）、生物多様性への悪影響を回避、または最小化するための生物資源の利用に関連する措置をとる

ことや伝統的な文化的慣行に沿った生物資源の利用慣行を保護すること、生物多様性が減少した地域における住民による修復などについても対応を求めている（第10条）。

(2) 愛知目標

　生物多様性の保全への対応は、生物多様性条約のもとで採択された戦略計画にみることができる。2002年にオランダのハーグで開催されたCO6は、締約国に対し、2010年までに生物多様性の損失速度を顕著に減少させることを目標に掲げたが達成できなかった。そこで、2010年に採択された「戦略計画2011-2020」では、各国により積極的な行動を促すことができるよう明確な目標が設定された。まず、中長期目標として、2050年までに自然と共生する世界をビジョンとして掲げ、そのための短期目標として、2020年までに生物多様性の損失を止めるための効果的かつ緊急の行動を実施することが策定された。「愛知目標」は、その短期目標を達成するための20の個別目標である[24]。これらの個別目標は戦略目標AからEの大きく5つに分けることができる。戦略目標Aは、各政府や各社会に対し生物多様性を主流化することにより、生物多様性の損失の根本原因への対処を求めている（目標1―目標4）。主流化（mainstreaming）は、開発をする際に環境に配慮するという考えではなく、生物多様性の保全を中心にする考え方であり、その後、気候変動枠組条約やラムサール条約など、他の条約にも波及した。戦略目標Bは、生物多様性への直接的な圧力を減少させ、持続可能な利用の促進を掲げている（目標5―目標10）。戦略目標Cは、生態系、種及び遺伝子の多様性を保護することにより、生物多様性の状況を改善すること（目標11―目標13）、戦略目標Dは、生物多様性及び生態系サービスから得られるすべての人のための恩恵を強化することを掲げている（目標14―目標16）。なお目標15は、気候変動の緩和と適応、砂漠化対処に貢献するとして、具体的な数値目標を盛り込み、**カーボンストック**の観点から劣化した生態系を少なくとも15％以上回復させることを締約国に求めた。戦略目標Eは、参

加型計画立案、知識管理及び能力構築を通じて実施を強化することが求められており（目標17―目標20）、条約の実施ための手段や資金面についても対応が期待されている。

しかし、生物多様性条約の事務局が2020年に発行した「地球規模生物多様性概況第5版」によれば、愛知目標について、目標達成に向けて一部進展があったと認められたものの[25]、20の個別目標に設けられている要素をすべて満たし、完全に達成された目標は一つもなく、達成率は0％であった[26]。森林や湿地の消失は続いており、過剰漁獲の割合も10年前より悪化していたほか、プラスチック汚染、温暖化、海洋酸性化などによる悪影響は増え続けており、野生動物の個体数の減少に歯止めがかかっていないことが明らかになっている。より締約国が積極的に動けるような具体的な仕組みが不可欠である。

（3）昆明・モントリオール生物多様性枠組

2022年に、カナダ・モントリオールで開催されたCOP15の第二部においては、愛知目標の後継となる「昆明・モントリオール生物多様性枠組」が採択された。同枠組では、「自然と共生する世界」が中長期目標ビジョンとして引き続き掲げられ、「自然を回復軌道に乗せるために生物多様性の損失を止め反転させるための緊急の行動をとる」ことをミッション（使命）とした[27]。具体的には、生物多様性の保全や回復だけではなく、「反転」（reverse）させる必要があると明示していることがこれまでと異なる大きな特徴である（いわゆる、ネイチャーポジティブ）。ミッション達成のために2050年までの大きな4つのグローバルゴール（長期目標）として、（A）生態系の保全、（B）利用と管理、（C）アクセスと利益配分、（D）資金などの実施手段の確保、が掲げられた[28]。これらのゴールを達成するために、2030年までに達成すべき23のグローバルターゲット（行動目標）が決定された。具体的には、生物多様性への脅威の削減、持続可能な利用と利益配分を通じた人々のニーズへの対応、実施のためのツールと解決策、主流化の4つに大別すること

ができる。

　また、同枠組の達成を促進し、支援するための措置として、加盟国に対し、国家戦略の改定や国別報告書の提出を要請し、各国の進捗を把握し、評価するための仕組みを設定したほか、世界生物多様性枠組み基金の設置や、能力構築や開発戦略枠組み、科学技術協力メカニズムの設定などを通じて、進捗の再検討手続きを設定した。愛知目標時に課題となっていた実施確保のためのメカニズムは構築されているが、遺伝資源の配分などについては課題が残る[29]。

4. おわりに

　国際社会が直面している環境問題は、個別に対処するだけでは不十分であり、特にSDGsの各目標を達成するためには、さまざまなレベルにおいて、横断的な対応が必要である。

　そのための対応として第一に、条約間連携が挙げられる。条約内においては、すでに各条約のもとで統合的管理などが検討され、その条約が対象とする環境の保全だけではなく、景観や災害、公衆参加などを統合的に実施するための決議が多数採択されている。円滑な実施のために、ガイドラインなども採択されているが、現地の住民に十分に伝わっておらず、あるいは伝わっていても実効的でないために、ガイドラインの内容が生かされていない。そのため、条約の国内実施については今後の課題である。一方で、条約間では、連携強化に関わる決議が多数の条約において採択されているが、多数の環境条約のもとで、相乗効果を含めた国家戦略や計画の策定も不可欠である。最近では、決議の結果を条約間で共有するだけではなく、決議が採択されるプロセスも含めて情報共有し、それぞれの条約において調整を図ることが試行されている。

　第二に、ユース世代の意見を取り入れることが不可欠である。「ユース」

に統一した定義はないが、おおよそ10代半ばから30代半ばが想定されている。持続可能な開発や持続可能な利用を実現するためには、現役世代だけではなく、すぐ次の未来を担う将来世代の意見を取り入れる必要があるという認識から、気候変動枠組条約や生物多様性条約などではすでにユース世代が意見を主張する機会が各COPで与えられている。これらの意見を決議や決定に反映させることはもちろんのこと、採択された決議や決定の内容について、ユース世代に周知し、環境教育の機会を増やし、能力開発を確実に実施していくことが必要となる。

【謝辞】

本稿は、JSPS科研費JP22K13316およびJP21H00717（JP23K20604）、公益財団法人旭硝子財団「サステイナブルな未来への研究助成」、科学技術振興機構「共創の場形成支援プログラム」JPMJPF2109に基づく成果の一部である。

注

* 本章では、さまざまな国際条約や国際文書を取り上げている。それらの概要や和文については、外務省および環境省などのウェブサイトなどで公開されているものを参考にされたい。また、条文や国際文書については、必要に応じて公定訳ではなく、著者の仮訳をあてていることに留意されたい。

1) UNGA, Resolution adopted by the General Assembly on 25 September 2015, "*Transforming our world: the 2030 Agenda for Sustainable Development*", A/RES/70/1, p. 4, para. 10.
2) IUCN-UNEP-WWF, World Conservation Strategy, 1980. 〈https://portals.iucn.org/library/efiles/documents/wcs-004.pdf〉（2024.4.15アクセス確認）
3) UNGA, Report of the World Commission on Environment and Development "*Our Common Future*" A/42/427 p. 54, paras. 1-2. もっとも、持続可能な開発に対する統一的な見解は存在しない。同報告書以降も1991年の新世界環境保全戦略や2002年の持続可能な開発に関するヨハネスブルグ宣言など、定義が試みられている。
4) 堀口健夫「「持続可能な開発」理念に関する一考察――その多義性と統合説の限界」、『国際関係論研究』20号、国際関係論研究会、2003年、43頁。

5) UNGA, Report of the United Nations Conference on Environment and Development, Annex "*Rio Declaration on Environment and Development*", A/CONF.151/26 (Vol. 1), pp. 1-3. もっとも、リオ宣言の発表すぐに予防原則が認められたわけではなく、法規範として確立するまでは予防的アプローチなどとして慎重に議論が重ねられてきた。
6) UNGA, Resolution adopted by the General Assembly on 18 September 2000, "*United Nations Millennium Declaration*", A/RES/55/2, p. 6, para. 21-23.
7) 高島忠義「国際法における「開発と環境」」、国際法学会編『開発と環境』三省堂、2022年、1-27頁、日本と国際法の100年第6巻。
8) 湿地とSDGsの関係について論じたものとして、鈴木詩衣菜「湿地とSDGs」、日本湿地学会監修『水辺を知る——湿地と地球・地域』朝倉書店、2023年、11-23頁、〈水辺に暮らすSDGs〉1巻。
9) 近年では、人間活動に起因する自然災害などに対し、湿地を保全しつつ、湿地生態系を活かして防災や減災に力が入れられている。この点を検討したものとして、一ノ瀬友博編著『生態系減災Eco-DRR——自然を賢く活かした防災・減災』慶應大学出版会、2021年、4-9、179-206頁。鈴木詩衣菜「湿地保全と海岸沿岸域の防災——ラムサール条約の転換期」、『環境と公害』45（3）、岩波書店、2016年、16-21頁。同「環境条約における自然災害への対応と法的課題——災害リスク低減の「主流化」に向けて」、『上智法学論集』67（4）、上智大学法学会、2024年、355-377頁。
10) See, "Recommendation 3.3: Wise use of wetlands", Convention on Wetlands (Ramsar, Iran, 1971) 3rd Meeting of the Conference of the Contracting Parties Regina, Canada 27 May - 5 June 1987.
11) See, "Resolution IX.1 Annex A: A Conceptual Framework for the wise use of wetlands and the maintenance of their ecological character", 9th Meeting of the Conference of the Contracting Parties to the Convention on Wetlands (Ramsar, Iran, 1971), Kampala, Uganda, 8-15 November 2005, p. 6, para. 22.
12) *supra* note 1, p. 23.
13) この点について検討したものとして、鈴木詩衣菜「化石燃料とエネルギー法政策——脱化石燃料に向けた最新動向」、人間環境問題研究会編『環境法研究』49号、「特集：環境問題とエネルギー法政策」有斐閣、2024年、83-99頁。
14) UN News, "Hottest Luly ever signals 'era of global boiling has arrived' says UN chief", 27 July 2023.〈https://news.un.org/en/story/2023/07/1139162〉（2024.4.15アクセス確認）
15) この点について、具体的に検討したものとして、苫瀬雅仁「SDGsと気候変動」、人間環境問題研究会編『SDGsと環境法・政策』有斐閣、環境法研究47号、2022年、29-41頁。
16) *supra* note 1, pp. 23-24.

17) CBD, Decision XI/18 Marine and coastal biodiversity: sustainable fisheries and addressing adverse impacts of human activities, voluntary guidelines for environmental assessment, and marine spatial planning, UNEP/CBD/COP/DEC/XI/18, 5 December 2012.
18) UNGA, Resolution adopted by the General Assembly on 14 July 2017, "Our ocean, our future: call for action", A/RES/71/312, pp. 3–4, para. 13.
19) UNGA, Resolution "The future we want", A/RES/66/288, paras. 197–204.
20) *Ibid.*
21) *supra* note 1, pp. 24–25.
22) Frederic Perron-Welch (et al.), SDGs15 'Protect, Restore and Promote Sustainable Use of Terrestrial Ecosystems, Sustainably Manage Forests, Combat Desertification, and Halt and Reverse Land Degradation and Halt Biodiversity Loss', Ilias Bantekas (eds.) *The UN Sustainable Development Goals A Commentary*, Oxford University Press, 2023, p. 1085.
23) 名古屋議定書を法的に検討したものとして、磯崎博司「名古屋議定書の概略と論点」、バイオインダストリー協会生物資源総合研究所監修『生物遺伝資源へのアクセスと利益配分――生物多様性条約の課題』信山社、2011年、264–278頁、理論と実際シリーズ7。
24) CBD, Decision X/2 Strategic Plan for Biodiversity 2011–2020 and the Aichi Biodiversity Targets Annex, UNEP/CBD/COP/DEC/X/2, 29 October 2010, pp. 8–9, para. 13.
25) 部分的に達成と評価された個別目標は、目標9、11、16、17、19、20のみであり、残りの14の目標については、未達成である。*Secretariat of the Convention on Biological Diversity, Global Biodiversity Outlook 5*, 2020, p. 132.
26) *Ibid.*, p. 137.
27) CBD, Decisio15/4 Kunming-Montreal Global Biodiversity Framework Annex, CBD/COP/DEC/15/4, 19 December 2022, p. 8.
28) *Ibid.*, pp. 8–9.
29) Virginie Barral, Sustainable development and equity in biodiversity conservation, Elisa Morgera, Jona Razzaque (eds.) *Biodiversity and Nature Protection Law*, Edward Elgar, 2017, pp. 67–68.

■コラム1■

好きなこと×地球規模課題×SDGs
──自分の興味・関心からはじめるSDGs

　身近なところからSDGsに触れたうえで、その達成のために何を実践していくのか。さらに、どのように周りを巻き込んでいくのか。サステイナビリティセンター（SSC）では、そのような問いを立てながら、学生たちがもつ興味や関心、そして「好きなこと」を通じて、SDGsを「自分ごと」として捉え、身近なところからSDGsへの貢献につながるアクションを学生自らが起こしていくためのサポートを行っています。学生たちの「何かに取り組んでみたい！」という気持ちを大切にし、学生たちの「好きなこと」と地球規模課題や社会問題を掛け合わせたプロジェクトを教職員と一緒に企画運営することで、SSCはさまざまな視点からSDGsを考え、課題意識をもって解決策に取り組むきっかけをつくっています。

　例えば、「ファッションや古着が好き」という学生たちと始めたのが「古着プロジェクト」です。学内で古着回収を行うと状態の良い服が多く集まったため、それらを使ったお洒落なコーディネートを披露し古着の魅力を伝えたいというアイデアが学生間で生まれ、古着ファッションショーを企画することになりました。また、社会貢献をしたいという想いももった学生たちは、古着を途上国に寄付する活動への興味から詳細を調べていく中で、「衣類の墓場」を生み出す服の大量生産・大量廃棄問題や、服の製造から廃棄の過程で起こる環境問題、ファッション産業が抱える労働問題などを知り、目標12「つくる責任、つかう責任」に寄与する取り組みを行っていくことを決めました。そして、途上国への寄付の代わりに、学生たちは古着ファッションショーや古着を使ったアップサイクルのワークショップの実施を通して、自分たちが学んだ服の抱える問題を伝えながら、古着の活用がSDGsへの貢献につながる

ことを発信する活動に力を入れるようになりました。

　「古着プロジェクト」を進めていく中で、SSCの役割はサステイナブルファッションに関する講演会の開催や、服づくりの過程を体験（綿花の栽培・収穫、生地製造工場への見学）するプロジェクトへの参画、サーキュラーエコノミーに関する県内プラットフォーム内での連携体制構築を行うなど、学生たちの学びを深める機会を多く提供することでした。学生たちと一緒に体験したり考えたり悩んだりもしながら伴走していくことで、SSCは目標12達成への支援だけでなく、産官学での連携を通じて目標17のパートナーシップを築いてSDGsに臨むことの大切さを学生たちに伝え、持続可能な社会をつくっていくために必要な知識を習得することで目標4を実践することもサポートしていました。

初めて取り組んだ学内チャペルでの古着ファッションショー
回収した古着を使ったコーディネートをランウェイで披露する学生。

産官学協力で開催された埼玉県庁でのサーキュラーファッションショー
ステージから古着の魅力やSDGsとのつながりを発信した。

東京ビッグサイトで開催された SDGs Week EXPO 2023（エコプロ企画展）でのワークショップ
学生たちは古着を使ったくるみボタンを子どもたちと作りながら、古着の活用法やその大切さについて伝えた。

　このように、SSCでは自分の「好きなこと」を通して楽しみながらSDGsに取り組むことで、SDGsや地球規模課題などの知識や理解を深めると同時に、プロジェクト運営に必要なスキルやコミュニケーション力を磨き、自己肯定感を高めていく経験も積むことで、学生たちがさらなるアクションにつなげていけるようにサポートすることを大切にしています。そして、学生たちが対話力、共感力、実践力も兼ね備えたグローバルシチズンとなって、誰ひとり取り残されない世界の実現のために活躍していくことをSSCは期待しています。

　　参考文献等
　・聖学院大学サステイナビリティ推進センター「2023年度　聖学院大学サステイナビリティ推進センター事業報告書』、2024年。〈https://serve.repo.nii.ac.jp/records/2000190〉（2024.7.1 アクセス確認）
　・聖学院大学サステイナビリティセンター〈https://www.seigakuin.jp/about/sdgs/ssc/〉

第 4 章
教育 × 社会 × SDGs
——持続可能な社会を目指す地域社会教育

　SDGsにおいて教育は目標4「すべての人々への包摂的かつ公正な質の高い教育を提供し、生涯学習の機会を促進する」に位置づけられている。ここでは、特にターゲット4.7に示される人権、ジェンダー平等、平和、ESD（持続可能な開発のための教育）、GCE（グローバル市民教育）といった諸価値を、「公正」「共生」「参加」の概念を現実化するプロセスで教育を通していかに実現していくかが論点となる。本章では、SDG4のこのような理解を背景に、持続可能な社会を実現するための教育の課題について、特に地域社会教育研究の立場から、具体的な事例を踏まえて考察する。

1. はじめに

　1987年に国連の「環境と開発に関する世界委員会（ブルントラント委員会）」の報告書『我々の共通の未来（Our Common Future）』において「持続可能な開発（Sustainable Development）」概念が提起され、30年以上の時が過ぎた。同報告において環境と開発を統合する理念として提起された「持続可能な開発」概念は90年代以降の各種国際会議で中心的なテーマとなり、その中で貧困や人権等の社会的課題との関連性が明らかにされてきた。その後、2000年に開催された国連ミレニアム・サミットにおいては、ミレニアム開発目標（MDGs）が提示され、2015年には「持続可能な開発目標（SDGs）」が全世界で取り組む共通目標として示された。
　しかし、このような国際的な努力にもかかわらず、私たちの社会の持続不可能性は依然として克服されていない。2015年に成立したパリ協定では、世界の平均気温上昇を産業革命前と比較して2℃未満（努力目標は1.5℃未

満）に抑えることを目標としたが、気候変動に関する政府間パネル（IPCC）『1.5℃特別報告』（2018年）によれば、世界の平均気温は2017年時点で既に約1.0℃上昇しており、このままでは2030～2052年の間に1.5℃を超える可能性が高いことを示している。

　この間、30年以上にわたって持続可能性をめぐる国際的な議論とそれに基づく一定の努力がなされてきたが、現状では持続可能な社会の実現には程遠いといわざるをえず、自然環境・人間社会の両側面共に、いわゆる「ポイント・オブ・ノーリターン」が迫る危機的状況にある。したがって、対症療法的な対策ではなく、現状の持続不可能な社会システムのあり方そのものを問い直し、オルタナティブな将来社会像を見通すような根本的な取り組みが求められることになると筆者は考える。

　以上のような問題意識に基づき、本章では第一にSDGsの目標4に示される教育の概念を確認し、そのオルタナティブな将来社会構想としての「持続可能な社会」の実現における位置づけを踏まえ、**社会教育**研究の立場から検討すべき課題について考察する。第二に、具体的な事例として北海道稚内市における子育て運動とそれを基盤とする子どもの貧困対策をめぐる実践を検討する。そのことを通し、持続可能な社会への地域社会教育の課題を考察することとしたい。

2. オルタナティブな将来社会構想としての「持続可能な社会」と教育の課題

2.1　SDG4の価値

　先述のとおり、SDGsは2015年に「国連持続可能な開発サミット」にて示された17の目標と169のターゲットから成っている。近藤牧子はSDGsの特徴として、第一にMDGsが開発途上国の貧困撲滅を目指したのに対し、SDGsは、先進国を含む全ての国で取り組まれるべき共通目標を示して

2. オルタナティブな将来社会構想としての「持続可能な社会」と教育の課題

いること、第二に目標の内容が環境と開発の両側面をもっていること、第三に目標に実施手段が明記されたことを挙げている[1]。特に第一の点について、ジェンダー平等（目標5）や人間らしい雇用（目標8）、格差の是正（目標10）、持続可能な生産消費形態（目標12）などは先進国にも深刻な課題である。日本ではさらに、貧困（目標1）、教育保障（目標4）、クリーンエネルギー（目標7）、防災・減災（目標11）も重要であるとする。

教育については目標4「すべての人々への包摂的かつ公正な質の高い教育を提供し、生涯学習の機会を促進する」に位置づけられ、7つのターゲットと3つの実施手段が提示されている[2]。その中で、特にターゲット4.7「2030年までに、持続可能な開発のための教育及び持続可能なライフスタイル、人権、男女の平等、平和及び非暴力的文化の推進、グローバル・シチズンシップ、文化多様性と文化の持続可能な開発への貢献の理解の教育を通して、全ての学習者が、持続可能な開発を促進するために必要な知識及び技能を習得できるようにする」には、人権、ジェンダー平等、平和、そしてこの間、国際的に取り組まれている**持続可能な開発のための教育（ESD: Education for Sustainable Development）やグローバル市民教育（GCED: Global Citizenship Education）**の価値が示されている。

ターゲット4.7について、近藤は「これらの価値の教育における実現には、『公正』『共生』『参加』の理念がどれほど現場で実行されていくかが鍵となる」という[3]。地球社会での「公正」な暮らしには盲目的な経済成長ではなく、人権や環境への配慮・価値観に基づいた豊かさが求められるのであり、平和を実現するための憎悪と分断を乗り越える「共生」を模索しなければならない。そして「公正」と「共生」の社会は、あらゆるレベルでの意思決定や居場所への「参加」を実現しなければならないというのである。このような「公正」「共生」「参加」の概念を現実化する方策を学習および教育の内容とすることが、ターゲット4.7にある「持続可能な開発を促進するために必要な知識及び技能」の実現において求められる。

以上のように、SDG4はターゲット4.7に示される諸価値を、教育を通し

第4章　教育×社会×SDGs

て実現することを目指している。その際の鍵となるのは、近藤が示すように「公正」「共生」「参加」概念の現実化といってよいだろう。では、これらの価値および概念の現実化の先に、どのような将来社会構想として「持続可能な社会」を見通すことができるのだろうか。

2.2　コモンの回復と協働・自治

斎藤幸平は「政府や企業がSDGsの行動指針をいくつかなぞったところで、気候変動はとめられ」ず、むしろ「SDGsはアリバイ作りのようなものであり、目下の危機から目を背けさせる効果しかない」とSDGsを強く批判している[4]。斎藤は現在直面している気候危機をはじめとする持続不可能性の根本原因は「**新自由主義**ではなく、**資本主義**」であるとし、依然として経済成長を追求するような見せかけの対策ではなく、よりラディカルな「社会システムの転換」を志す必要があるというのである。

真に持続可能な社会の構築を目指す斎藤の主張を筆者なりに整理すると、次のようになる。第一に水やエネルギー資源等の生産手段の「コモン[5]」化、その水平的な共同管理である。資本主義は、本来、**コモンズ**（共有資源）として潤沢にあった生産手段を解体して私的に囲い込み、人工的に希少性を生み出すことで成長してきた。この過程で自然—人間の関係性が破壊され、地球環境からの収奪が進み、人間—人間の分断・格差拡大がもたらされ、持続不可能性が増大している[6]。したがって、この構造を再び転換し、生産手段の「社会的所有」が必要となる。ただし、それはかつてのソ連型社会主義のような「国家による所有」ではなく、協同組合や「〈市民〉営化」のような、水平的な関係を前提とする協働性に基づいた民主的な所有と管理である。

第二に、そのために重要なのが民主主義の刷新である。現在の議会制民主主義に基づくトップダウン型の統治形態ではなく、「市民参画の主体性を育み、市民の意見が国家に反映されるプロセスを制度化していく」ことが不可欠である。そのためには、「国家の力を前提にしながらも、〈コモン〉の領域を広

2. オルタナティブな将来社会構想としての「持続可能な社会」と教育の課題

げていくことによって、民主主義を議会の外へ広げ、生産の次元へと拡張していく」ことが必要である。その一例が、先に挙げた協同組合や「〈市民〉営化」である。これにより、経済成長路線を捨て（脱成長）、持続可能で公正な社会の実現を目指す[7]。

　第三に、こうしたプロセスを進めるための基礎になるのは「信頼」と「相互扶助」である。なぜなら、これらがない社会では、「非民主的トップダウンの解決策しか出てこないから」である。しかし、現代社会は新自由主義によって、他者への信頼や相互扶助が徹底的に解体されてしまっている。したがって、「顔の見える関係であるコミュニティや地方自治体をベースにして信頼関係を回復していくしか道はない」のである[8]。

　斎藤は、こうしたコミュニティ、地方自治体や社会運動は、単なるローカルな活動にとどまらず現在ではグローバルな連帯の中にあるとし、その典型として「ミュニシパリズム（municipalism）」の展開を挙げている。ミュニシパリズム（直訳すれば「地方自治体主義」）は、近年、ヨーロッパにおいてバルセロナやナポリ等の革新自治体が共通理念として掲げ、連帯を強めている概念である。岸本聡子によれば、選挙による間接民主主義だけを政治参加とみなさずに、地域に根付いた自治的な合意形成を目指す地域主権的な立場で、市民の直接的な政治参加を歓迎する。そして、公益とコモンの価値を中心に置き、利潤や市場のルールよりも、市民の社会的権利の実現を目指して政治課題の優先順位を決めるという点が特徴である[9]。

　マイケル・ハートは斎藤との対談の中で、ミュニシパリズムの起源とされるバルセロナについて「社会運動が選挙での勝利をもたらした市政」が実現しており「統治機構が社会運動を育てようとしている」として高く評価している[10]。つまり、多様な市民が参加する社会運動をベースとすることでボトムアップの民主的な市政が実現し、同時に統治機構が自らの前提・土台となる社会運動を育てることでそのシステムを不断に更新しながら持続可能なものとしていくという、有機的な関係が構築されているのである。ハートはまた、「民主的決定を行う能力は、社会的に発展させ、政治的に組織されなければ」

獲得できないという[11]。このような社会運動と統治機構の有機的関係のうちに、人間—人間の信頼に根差した協働と自治の能力を形成する教育的契機を見出すことが問われると筆者は考える。

2.3 小括

筆者は斎藤のようにSDGsを否定する立場ではないが、はじめに述べたようにこの間の持続可能な社会を目指す国際的な取り組みは十分でなく、ゆえに「社会システム」のあり方そのものを問い直す必要があるという問題意識は共有する。この視点を欠けば、SDGsもまた不十分に終わるに違いない。

斎藤の議論を踏まえれば、オルタナティブな将来社会構想としての「持続可能な社会」とは、コモンの民主的・共同的な管理を基礎として営まれる脱成長の公正な社会システムとして描くことができる。その実現に向けて求められるのは、各国・各地域におけるローカルな実践と社会システム構築の経験の蓄積およびそれらのグローバルな連帯といえるだろう。その際の鍵概念は地域における「協働」と「自治」である。SDG4の特にターゲット4.7示された諸価値と「公正」「共生」「参加」概念の現実化は、このような将来社会への見通しに位置づける中で、具体的に検討することが重要であろう。

以上の論点を、地域社会教育研究の立場から筆者なりに引き受ければ、検討すべき課題は次のようになる。

第一に自らの暮らしとその基盤たる地域社会を担う主体形成への学習の内実を明らかにすることである。宮﨑隆志は、「個人はその存在や自己形成の基盤を他者との関係という社会的な次元にもつ」のであり、「自己の存在・形成の基盤を協働で構築するという存在様式を備えて」いると述べている(「生活を創る生活」)[12]。しかし、現代社会においては「自己形成の基盤としての社会は、人間が生み出した仮象的な主体である資本によって構築され」、「諸個人の主体性は後景に退き、自己形成の基盤を協働的に再生産しているという論理は不透明化している」という。このことは、資本主義(特に新自由主

義）によって格差・分断が広がり、信頼や相互扶助が解体されているという斎藤の現状認識の内実を示しているといえる。宮﨑によれば、ここで求められているのは「自己―他者間のマイクロなレベルで追求される精神的・身体的解放（＝発達）と、社会システムというマクロなレベルで追求される発展の両者を統一的に把握するモデル」である[13]。筆者の問題意識に即して言い換えれば、個人の発達と地域社会の発展を統一的に認識し、我がこととして地域を担う、地域自治の主体形成への学びの論理を明らかにすることが焦点となる。

　第二に「学び合い」を核とする他者との協働とその拡張のあり方を明らかにすることである。先の宮﨑の指摘に即していえば、不可視化されている他者との協働関係を地域において再発見・再創造し、その関係を地域内外へ拡張していくことが求められる。ここでの鍵は、自己と他者との共通課題＝地域課題をめぐる「学び合い」にあると筆者は考えている[14]。鈴木敏正は「地域課題の学習は個人ないし身の回りの生活課題と社会的な諸問題とを媒介するものである」という[15]。そうであるならば、地域課題はグローバルな社会的課題、したがって持続可能な社会の実現への課題の、地域における特殊な形態での現象という側面をもつ。それゆえ、対話を通して地域課題を対象化し、共有し、協働により克服すべき課題として意識化していくような「学び合い」は、グローバルな次元における持続可能な社会への「学び合い」へと媒介されうる。こうした意味での「学び合い」の、持続可能な社会の構築における価値を検討することが求められる。

　第三にこれらのプロセスを媒介・促進する地域社会教育のあり方を明らかにすることである。再び宮﨑を引くと、「地域社会教育は、生活を創る生活のリアリティを、諸個人の協働によってコミュニティ・地域を創ることに見出し、そこに内在する矛盾を解決することによって、人間形成作用を統御する実践」とし、「より複雑になった個人と社会の関係の総体を把握する可能性を切り開き、民衆が形成作用を統御するためのモデル（新たな世界観）を形成する」と述べている[16]。こうした意味での地域社会教育が、持続可能な

第4章　教育×社会×SDGs

地域づくりにおいて果たす役割を、先の2つの検討課題に即して明らかにすることが求められる。

　小論においてこれら全てに応えることはできないが、具体的な事例の検討を踏まえてその見通しを探ることを課題としたい。対象事例は、北海道稚内市における「子育て運動」と子どもの貧困対策をめぐる実践である。なお、本事例についての以下の記述は、主に2011年から筆者が地元大学教員の立場で参加した「稚内市子育て推進協議会」や「稚内市子どもの貧困問題プロジェクト」をはじめ、多くの実践に直接参加した経験から得られた知見に基づくものである[17]。

3. 稚内市の子育て運動と子どもの貧困対策

3.1　事例概要

　稚内市は北海道の最も北に位置する、漁業・水産業を基幹産業とする地方都市である。人口は1975年の55,464人（国勢調査）をピークに減少を続け、現在は33,563人（2020年国勢調査）となっている。子どもの数が急速に減少するなかで近年は学校統廃合が続いており、2024年の学校数は小学校10校（市街地5校）、中学校6校（市街地4校）、高校2校（公立、私立）に公設民営の私立大学が1つという状況である。

　子どもの貧困が社会問題化する中、稚内市では2015年に「稚内市子どもの貧困問題プロジェクト」を組織し、「オール稚内」による子どもの貧困対策に取り組み始めた。その実践は、稚内市において約40年にわたって継続している市民ぐるみの子育て運動の蓄積を土台として展開している。同時に、このプロジェクトは単に地域における子どもの貧困対策に取り組むのみならず、子育て運動そのものの限界を乗り越え、発展、拡張させていく契機として意識的に取り組まれている側面もある。

3.2　稚内市の子育て運動

　稚内市の子育て運動の直接の出発点は、1978年1月に組織された「非行問題懇談会」であった。1970年代半ば、いわゆる「200カイリ規制」により稚内市の基幹産業である漁業・水産業が深刻な打撃を受けた。この影響で地域経済が急激に落ち込み、市民の生活も苦しいものとなっていった。こうした地域の困難・家庭の困難、その中での親や大人たちの不安定が子どもたちに影響し、学校現場では非行や暴力、いじめが多発した。その事態は、もはや学校・教師だけでは対処しきれないレベルにまで達していた。

　こうした事態を受け、教職員組合の呼びかけにより地域の教育・子育てに関わる19団体の代表が集って組織されたのが「非行問題懇談会」である。そこでは、子どもの幸せを守るために、家庭の親、学校の教職員、地域の大人がどうあるべきかが真剣に話し合われた。その成果は同年5月に「父母も教職員も市民もしっかり手を結んで　心身ともにすこやかな子どもを育てよう」というメッセージをのせた「共同アピール」としてまとめられ、市内全戸に配布された。それを契機に、地区（学区、町内会）ごとに、そして全市的にも子育て・教育関係者をはじめ多くの市民が集い、学び合う話し合いや講演会が重ねられた。

　こうした運動をより発展し、持続可能なものにしていくため、1984年には稚内市長を会長とし、市内ほぼ全ての子育て・教育関係機関・団体の参加により「稚内市子育て推進協議会」が設立された。同時に、地区ごとの特徴や条件に即した活動を重視し、中学校区単位で「地区子育て連絡協議会」、小学校区・町内会単位で「子育て連絡会」が組織された。これにより、全市―中学校区―小学校区・町内会の各レベルにまたがる重層的組織を中心とする、市民ぐるみの子育て運動を進める体制が確立した。その後、現在に至るまで全市的には毎年の教育講演会や子育て交流会など、地区単位では各地区子どもフェスティバルや地区固有の「子育て提言」の策定などの多様な取り組みが展開している。

さらに、1986年には大韓航空機撃墜事件を契機とし、市民的議論を経て「子育て平和都市宣言」が市議会の全会一致で採択された。その一節に「ふるさとの次代を担う子どもたちのすこやかな成長と平和なまちづくりをすすめることは、すべての大人の責任である」と謳い、子どもが健やかに育つ平和な地域づくりが全市レベルで意識的に追及されることとなっている。

　こうして、家庭・学校・地域の各現場において、教職員・保護者・市民それぞれの立場で大人たちが集い、語り合い、力を合わせて子育て・教育に取り組んできたのが稚内市の子育て運動である。その出発点となった非行問題の背景には深刻な地域経済の疲弊、すなわち地域の貧困があった。そうした背景もあり、子育て運動は当初から貧困問題、そして地域づくりと不可分のものとして展開してきたのである。

　この間の子育て運動の成果としては次の4点を示したい。第一に、全市レベル・地区レベルの重層的な組織化により、地域に根差した持続的な運動として定着したことである。特に、中学校区を中核とする地区単位で、地域に根差した組織づくりをしている点が固有の特徴といえる。

　第二に、「子どものため」で一致して地域の大人たちが立場を超えて集い、語り合い、力を合わせることができる地域文化が醸成されたことである。稚内市には、他の場面では意見を違えるような、場合によっては対立さえするような住民同士でも、「子どものため」という点では自然に協力して活動できるような独特の雰囲気がある。それは、長年にわたり地域に根差して取り組んできた子育て運動が育んだ、稚内固有の地域文化といってよいだろう。

　第三に、学校・教師を核とした家庭・学校・地域の連携による「親育ち・教師育ち・大人育ち」のための「学び合い」の活動が定着したことである。子育て運動においては、教育講演会等の直接に学習を目的とする場に限らず、各種の会議・協議の場も意識的に「学び合い」の場として設定されている。つまり、地域における子育て・教育の諸課題について、親や教師、地域住民（町内会等）等の多様なステークホルダーが合意形成していくプロセス自体を、諸主体間の相互理解および地域理解のための学習機会と位置づけて

いるのである。このように運動の出発点から一貫して大切にされている「学び合い」の実践こそが、子どもを真ん中においた地域のつながりを広げ、「力合わせ（協働）」の関係をつくり、地域文化を育みながら共に地域課題を克服していく子育て運動の本質である。

　第四に、運動組織のトップに市長を位置づけたことで、運動と自治体の相互の連関が制度化されたことである。ここでは、活動の中心を地区レベル（特に中学校区）に設定し、議論を積み上げていく方式を基本に据えることで、ボトムアップの組織運営を保障する仕組みとなっている。十全にとまではいえないが、ハートや斎藤のいう社会運動と統治機構との有機的関係への可能性をここに見出すことができよう。

　しかし、2010年代に入る頃になると、活動のマンネリ化や担い手不足等の課題が指摘されるようになる。このことは、日本社会全体の貧困化を背景に地域経済がさらに疲弊する中、地域の子ども・子育てをめぐる課題は複雑かつ深刻化しており、従来の枠組みによる子育て運動が限界に直面したことの現れといえる。ここで、稚内市の子育て運動は「子どもの貧困」を現局面における本質的課題に据え、それに抗する実践を通して子育て運動そのものの発展を図ることとなる。

3.3　稚内市の子どもの貧困対策

（1）稚内市子どもの貧困問題プロジェクト

　稚内市において子どもの貧困対策事業が展開した背景には、政府による「**子供の貧困対策に関する大綱**」策定がある。ただし、それは外的な契機である。より本質的な契機は、子育て運動の過程で、特に不登校支援を主目的に取り組んできた「地区子ども支援ネットワーク」（後述）のケース会議の中で、近年の地域における子どもの貧困の拡大が、関係者間で課題として意識化されてきたことにあった。こうして、2015年に稚内市における子どもの貧困対策の中核として組織されたのが、「稚内市子どもの貧困問題プロジェクト」

である。

　本プロジェクトの組織体制は、「稚内市子どもの貧困対策本部会議」とその下に置かれた「稚内市子どもの貧困対策プロジェクト会議」の二重構造であり、事務局は市教育委員会学校教育課である。そのうち実働組織たる「子どもの貧困対策プロジェクト会議」では、市内の教育・福祉・医療の各領域において子ども・子育て家庭の支援等に取り組む関係者が市内4地区（中学校区）単位にチーム化（各10名程度）され、各地区の実態に即した対策を協議・検討している。子どもの貧困対策を教育委員会が主管し、地区（特に中学校区）単位での取り組みを基礎にしているのは、本プロジェクトが子育て運動を土台としているゆえんである。

　本プロジェクトの具体的な活動は、①地区別チームによる協議（年数回）、②稚内市子どもの貧困対策に関する提言書「子ども達の貧困の連鎖を断ち切る『学び』と『地区別ネットワーク』の充実を」の策定（初年度）、③稚内市子どもの貧困対策市民シンポジウム（年1回）、④研究紀要『わっかないの子ども・若者』の発行（隔年）、⑤地区における中核的担い手を育成する「地域連携コーディネーター養成講座」の開催（隔年）などである[18]。

　本プロジェクトの現段階における成果として次の4点を挙げておきたい。第一に、幼保小中高大の学校間連携体制が整ったことである。プロジェクト2年目に「子どもの貧困対策本部会議」を発展的に解消し、当初の市内小中高大の各学校に加え、新たに幼稚園・保育園、養護学校が参加して「稚内市教育連携会議」を組織したことがその象徴である。第二に、学校間連携および教育・福祉・医療の連携の実質的発展である。本プロジェクトの活動を契機に、地区子ども支援ネットワーク（後述）などでの具体的な連携活動が進展した。第三に、住民団体との連携の進展である。本プロジェクトメンバーが中心となり、2016年に市内で「子ども食堂」を運営すべく、新たな住民団体「地域食堂"ふらっと"」を組織し実践を開始した。「地域食堂"ふらっと"」はあくまでボランタリーな住民団体だが、本プロジェクトを媒介とする教育・福祉・医療の関係機関・団体との密接な連携により活動してい

る。第四に、市民的な議論を踏まえ具体的な政策提言を行っていることである。本プロジェクトでは2018年から「稚内型奨学金制度」の検討をはじめ、定例の地区別チームによる協議のほか2度にわたる市民シンポジウムでの全市的な議論を踏まえ、2019年12月に「『稚内型奨学金制度』の創設に関する最終要望書」を市長に提出した。その内容は、①給付型奨学金であること、②原資として市税のみならず市民の寄付金やクラウドファンディング、ふるさと納税等の多様な呼びかけ方法を提案し、この運動に地道に取り組んでいける仕組みを検討すること、③給付対象者の推薦方法や対象等は稚内市の「幼保小中高大連携」や「子ども支援ネットワーク」の活動を活かすなど、地域の特色を生かし、子どもの夢を支援し、育むことを目的に選考できるようにすること等である[19]。要望を受けた稚内市長はその実現を約束し、自らの公約として位置づけている。

　本プロジェクトは稚内市における子どもの貧困対策についての「研究活動」というのが基本的位置づけである。特に地区別チームによる協議を基本活動とし、そこでの「研究」協議＝「学び合い」により子どもの貧困問題に対する理解を深めるとともに、そのプロセスを通してメンバーの相互理解・関係性を深めることが実質的な目的となっている。成果として示した幼保小中高大連携、教育・福祉・医療連携、住民団体との連携、政策提言をそれぞれ媒介しているのは、やはり子育て運動の本質である「学び合い」である。

(2) 地区子ども支援ネットワークの展開

　近年の子育て運動において、最も直接的に子ども・子育て家庭支援に取り組んでいるのが「地区子ども支援ネットワーク」の活動である。この活動は、稚内市子どもの貧困問題プロジェクトの内的契機であると同時に、同プロジェクトを契機としてその実践自体を発展させている。

　2000年代半ば頃から、市内各学校の不登校支援に取り組む過程で、経済的困窮を背景とする家庭環境の悪化が明らかとなり、子ども・家庭への福祉的支援の必要性が課題化されてきた。そこで、子育て運動が蓄積してきた家

庭・学校・地域の連携を土台とし、新たに①医療・福祉と連携すること、②小中学校の枠を越えた学校間連携により、子ども・家庭への地域ぐるみの包括的・継続的な支援体制の確立を目指すこととなった。そして小中学校に配置された**スクールソーシャルワーカー**がコーディネートし、市街地の４つの中学校区単位に「サポートチーム」を組織した。それが「地区子ども支援ネットワーク」である。

同ネットワークの組織構成は、各地区小中学校の管理職・指導部長、スクールソーシャルワーカー、**民生委員・主任児童委員**、教育相談所、地区内の幼稚園・保育園、さらに「子どもの貧困問題プロジェクト」を契機に市内高校（定時制）、市内大学が全地区に加わっている。こうしたメンバーが月１回程度の会議をもち、困難を抱える子ども・家庭のケースを持ち寄り、共有し、それぞれの立場から支援策を提案し、方針を確かめ合うことを基本活動としている。

地区子ども支援ネットワークの意義としては、第一に民生委員・主任児童委員の参加がある。民生委員・主任児童委員が各地区および市内においてもつ**ソーシャルキャピタル**により、学校や教育関係者だけでは困難な、一定程度家庭内に踏み込んだ支援が可能になった。これにより第二に、従来の子育て運動が進めてきた教育的支援の前提となる、福祉的支援を含めた子ども・家庭支援が可能となった。実際に、このネットワーク活動によって初めて福祉機関・制度につながることができた子ども・家庭もある。第三に、小中学校を中心としながら、幼稚園・保育園、高校・大学との連携（幼保小中高大連携）が具体的に進展したことである。これにより、幼児～青年期までの子ども・家庭への見守り・支援体制が現実化しつつある。

3.4　学び合い、拡張する子育て運動

地域における子どもの貧困問題に抗する諸実践を通し、稚内市の子育て運動は自らその限界を乗り越えようとしている。その要点は子育て運動の課題・

対象・主体の拡張である。

　第一に、子どもの学習権保障から生存権保障へという課題の拡張である。非行問題を出発点とする従来の子育て運動の直接的課題は子どもの学ぶ権利・教育を受ける権利の保障という「教育的課題」にあった。しかし、現在は子どもの貧困という教育以前の「福祉的課題」へのアプローチが同時に求められている。地域における教育・福祉・医療の連携が追求されているのは、このような課題の再設定が背景にある。

　第二に、児童・生徒期から就学前および青年期への対象の拡張である。中学校区を基本単位としてきた従来の子育て運動の直接的対象は、学校（特に小中学校）に通っている年齢層の子ども・家庭であった。しかし、子どもの貧困問題・社会的排除問題に抗するには、世代間連鎖の問題を含め、より広い年齢層を視野に入れた継続的なアプローチが求められる。それゆえに幼保小中高大の連携が追求されているのである。

　第三に、教職員から市民への中核的主体の拡張である。この間、子育て運動をコーディネートしてきた中核的主体は小中学校の教職員であった。しかし、子どもの貧困のように複雑・多様な新しい課題が次々と現れてくる現代社会においては、時代の変化に敏感で、柔軟で新しい発想と実践力をもつNPO等の市民団体や個人の積極的な参加が求められる。地域連携コーディネーターや「地域食堂"ふらっと"」のような地域住民・団体の育成と連携が追求されているのはそのためである。

　こうした実践が約40年にわたって持続し、「子どもの貧困」のような現代的課題に抗するうえでも力を発揮している要因は、その一貫した方法論にあると考えられる。すなわち、子どもを真ん中に置いた「学び合い」の徹底である。地区レベル・全市レベルのあらゆる機会、あらゆる場面で「学び合い」が徹底されているからこそ、運動の限界を克服する契機を自らの内に見出し、課題を再設定し、ネットワークを広げながらその活動を理論的かつ実践的に拡張・発展させ続けられているのである。

　さらには、こうした「学び合い」が持続的に機能し、その成果が活用され

第 4 章　教育×社会× SDGs

るシステムが制度化されていることが注目される。繰り返しになるが、稚内市の子育て運動においては、運動組織のトップに市長を位置づけたことで、運動と自治体の相互の連関が制度化されている。そこでは、活動の中心を地区レベル（特に中学校区）に設定し、議論を積み上げていく方式を基本に据えることで、ボトムアップの組織運営が保障されている。

　その中で、例えば「子どもの貧困対策」は国家政策であり上からの要請という側面をもつが、稚内市の統治機構はその地域的展開において運動側の研究協議＝「学び合い」に根拠を求め、「稚内型奨学金制度」に象徴されるように、その成果を政策化していく方策がとられている。このように社会運動と統治機構の有機的関係（萌芽的ではあるが）が構築されており、その中核に「学び合い」が位置づいている。

　以上のように、稚内市における子育て運動はグローバルな課題である貧困・社会的排除問題を地域において克服し、包摂的な地域社会をつくる努力を不断に続け、自ら持続的に発展し続けているとみることができる。

4．地域社会教育実践としての子育て運動

　稚内市における子育て運動と子どもの貧困対策の展開を、先に示した3つの検討課題に即して考察しよう。

　第一に自らの暮らしとその基盤たる地域社会を担う主体形成への学習の内実についてである。子育て運動は、その活動の当初から一貫して地域づくりを意識的に追求してきた。その背景には、個々の子どもや家庭が抱える困難を個別の生活課題にとどめず、その背後にある地域課題ないし社会的課題の存在を常に問う「まなざし」がある。例えば、子育て運動の契機となった非行問題への対応においては、「荒れている子どもたち」の背景にある地域経済の疲弊や大人たちの生活困難を見据えていた。また、稚内市教育相談所のスタッフは、常々「困った子」「困った親」がいるのではなく、「困っている

子」「困っている親」がいると述べる。それゆえ「困っている」要因、その社会的背景を探ることが相談・支援の要点であるというのである。

このように、子育て運動をめぐる諸実践においては、個々の現象の背後にある本質的課題としての地域課題・社会的課題を問う学習が行われている。この学習を通し、非行や不登校等の困難を抱える当事者と自己の同じ地域に暮らす住民としての共通性、そして協働性が可視化され、その課題を我がこととして捉える意識が形成されると考えられる。

このような学習実践の成果の顕著な現れが、子どもの貧困問題プロジェクトにおける「稚内型奨学金制度」の要望という政策提案である。この要望の注目すべき点は、①背景となる子どもの貧困問題をめぐって「研究」協議＝「学び合い」を重ね、全市的な議論も踏まえた要望であること、②原資として市民による寄付金を求めることを強調し、また子育て運動の資源を活かした市民主体による運用を求めていることにある。これは子育て・教育資源としての奨学金制度をコモンとして市民が協働で主体的に運用する取り組みであり、これを求める市民運動と自治体とが呼応しながら展開している点で、ミュニシパリズムに通じる可能性を見出すことができる。

第二に「学び合い」を核とする他者との協働とその拡張のあり方についてである。稚内市の子育て運動は子どもを真ん中に置いた「学び合い」を最も基本的かつ重要な実践方法としていた。これにより、地域の教育関係機関・団体を網羅した、広範かつ重層的な地域内協働関係を構築してきたのである。それを可能にした要因として、一つには学習課題の設定の仕方が挙げられる。子育て運動においては、子育て・教育をめぐる諸課題を常に地域課題の次元において設定してきた。さらには、「学び合い」の機会を町内会・小学校区レベルという住民にとって身近な範囲から、中学校区、全市へと重層的に組織化することで、個別の生活課題から全市的な地域課題へと連続的に認識を拡張することを促す仕組みがつくられている。また、近年の子どもの貧困対策をめぐって「幼保小中高大連携」「教育・福祉・医療連携」「住民団体との連携」へと飛躍的に協働関係が拡張したのは、学習課題が全国的あるいはグ

ローバルな社会的課題の次元と接続して設定されたことがあると考えられる。これも学び合いの機会が住民にとって最も身近な範囲から重層的に積み上げられているという基盤があってこそといえよう。

　もう一つには、住民同士が対等な「学習者」として出会うということである。子どもの貧困問題プロジェクトに顕著なように、協議の場を「学び合い」の場として組織することで、互いの社会的立場や権力構造はいったん後景に退き（完全に自由になるわけではないが）、対等な立場から関係構築が始まる。また、同プロジェクトにおける各チーム内のメンバー構成は意図的に多様性が担保されており、異質な他者を積極的に受容しながら協働的関係を結ぶ一契機になっている。

　第三にこれらのプロセスを媒介・促進する地域社会教育のあり方についてである。先の2点について述べたことは、当然ながら自然に展開したものではなく、そのプロセスを媒介・促進する意図的な働きかけがある。稚内市の子育て運動の場合、その役割を主に担ってきたのは小中学校の教師たち（特に教職員組合）である。

　宮﨑は地域社会教育において求められる教育的価値について、「相互に矛盾する自由・平等・能率の同時実現の可能性を拡張するか否か」、端的には「生活を創る生活の自由度を高めることが教育的価値である」と述べている[20]。この観点から子育て運動における教師たちの実践を分析すると、次のように整理することができる。

　社会的分業を基本とする現代の社会システムにおいて、子育て・教育は専門機関たる学校が担うことが能率的であり、そのことで地域住民は子育て・教育の負担から解放され自らの自己決定に基づき自由に自らの生活を創る機会を得る可能性が拡大する。また、このシステムが機能している限りでその機会は地域住民間で平等に享受されうる。しかし、稚内市の場合は地域経済の危機を背景に非行問題が激化したことでこれら3つの価値のバランスは崩壊し、子育て・教育をめぐる地域社会システムの再構築を余儀なくされた。そこで教師たちがとった戦略は、家庭・学校・地域の協働による子育て・教

育の再生であった。

　具体的には、地域における子育て・教育の課題を地域課題の次元において学習課題として設定し、徹底した「学び合い」を重層的に組織化した。これにより、地域住民は（我が子に限らない）地域の子育て・教育を自らの課題として認識し、そこへの参加が自らの自由の実現として捉えられるようになる。そうなれば、家庭・学校・地域の各主体が平等に子育て・教育の負担と、自己の自由の実現としての「楽しさ」を分かち合うことができるようになる[21]。さらには、互いに疎遠な関係下における社会的分業ではない、協働的な関係に基づく自治的な子育て・教育が実現し、総体として子育て・教育をめぐる地域社会システムの能率性が回復することとなる。

　もちろん、現実には常にこのように理想的に展開しているわけではなく、例えば子どもの貧困対策に取り組み始める直前には子育て運動が行き詰まりをみせていたように、その時々で3つの価値間の矛盾が露わになるのが実際である。しかし、子育て運動の担い手たちは、常に揺れ動く3つの価値のバランスの収束点を各局面において探りながら、「学び合い」を起動し展開、拡張させていく働きかけと仕組みづくりをし、地域の子育て・教育における協働と自治を育むことで、地域社会教育の教育的価値を実現してきたといってよいだろう。

5. おわりに

　本章では、具体的な事例として稚内市における子育て運動とそれを基盤とする子どもの貧困対策をめぐる実践を検討することを通して、SDG4に示される「公正」「共生」「参加」概念を現実化し、持続可能な社会の実現するための地域社会教育のあり方を考察してきた。そこでは、学習課題を地域住民間で共有可能な地域課題の次元に設定することにより協働関係が構築され、さらに学習課題が社会的課題の次元へと拡張していくプロセスで、協働性も

また拡張していくことが示唆された。そのプロセスは運動の中心的な方法論としての「学び合い」が徹底されることにより展開しているが、それを可能にしたのは地区レベルから全市レベルへと重層的に構造化された組織体制の構築であった。そこでは社会運動と統治機構の有機的関係が形成されており、その中核に「学び合い」を位置づけることが協働の拡張の重要な契機であり、それが自治の本質をなすということが示唆された。

　以上は、一つの地域の事例に学びながら展開した試論にとどまるものではある。しかし、こうしたローカルな市民の営為に学びながら研究を積み重ねることが、グローバルな持続可能な社会の実現への道を切り開くことになるだろう。

【付記】
　本章は『教育学の研究と実践』第16巻（北海道教育学会、2021年、2–12頁）に掲載された拙稿「持続可能な社会への地域社会教育：北海道稚内市における子育て運動・子どもの貧困対策の事例から」に加除修正したものである。

注
1) 近藤牧子「第2章　SDGsと成人教育―持続可能な社会づくりを目指す成人教育とは」、長岡知寿子、近藤牧子編著『生涯学習のグローバルな展開——ユネスコ国際成人教育会議がつなぐSDG4の達成』東洋館出版社、2020年、23–24頁。
2) ただし、教育は単に独立した目標というだけでなく、「教育が全てのSDGsの基礎」であるとともに、「全てのSDGsが教育に期待」しているともいわれており、SDGsの17の目標すべてに貢献するものともされている。文部科学省・日本ユネスコ国内委員会『ユネスコスクールで目指すSDGs——持続可能な開発のための教育』2018年11月改訂、42頁。〈https://www.mext.go.jp/esd-jpnatcom/about/pdf/pamphlet_01.pdf〉（2024.7.20アクセス確認）
3) 近藤前掲、34–35頁。
4) 斎藤幸平『「人新世」の資本論』集英社、2020年、4頁。
5) 斎藤はコモンを「社会的に人々に共有され、管理されるべき富」と定義し、「アメリカ型新自由主義とソ連型国有化の両方に対峙する『第三の道』を切り開く鍵」としている。「第三の道としての〈コモン〉は、水や電力、住居、医療、教育といったもの

注

を公共財として、自分たちで民主主義的に管理することを目指す」というのである。斎藤前掲、141頁。
6) 斎藤前掲、第6章参照。
7) 斎藤前掲、355-356頁。
8) 斎藤前掲、357頁。
9) ミュニシパリズムについて詳しくは、岸本聡子『水道、再び公営化！：欧州・水の闘いから日本が学ぶこと』集英社、2020年、第7章参照。
10) マルクス・ガブリエル、マイケル・ハート、ポール・メイソン、斎藤幸平編『未来への大分岐——資本主義の終わりか、人間の終焉か？』集英社、2019年、127頁。
11) ガブリエルほか編前掲、128頁。
12) 宮﨑隆志「暮らしの思想の生成論理：地域社会教育の学習論」日本社会教育学会年報編集委員会編『〈日本の社会教育第63集〉地域づくりと社会教育的価値の創造』東洋館出版社、2019年、198頁。
13) 同上。
14) 若原幸範「内発的発展論の現実化に向けて」『社会教育学研究』第25号、北海道大学大学院教育学研究科社会教育研究室、2007年、46-47頁。
15) 鈴木敏正『地域づくり教育の誕生——北アイルランドの実践分析』北海道大学図書刊行会、1998年、233頁。
16) 宮﨑前掲、198-199頁。
17) 稚内市の子育て運動と子どもの貧困対策について、より詳しくは拙稿「貧困や社会的排除に抗する学び」鈴木敏正・朝岡幸彦編著『社会教育・生涯学習論——自分と世界を変える学び』改訂版、「ESDでひらく未来」シリーズ、学文社、2018年、58-71頁参照。
18) 稚内市子どもの貧困対策本部会議・稚内市子どもの貧困対策プロジェクト編刊『稚内市子どもの貧困問題プロジェクト研究紀要：わっかないの子ども・若者2015』2016年、13-17頁。
19) 稚内市教育連携会議・稚内市子どもの貧困対策プロジェクト会議・稚内北星学園大学編刊『稚内市子どもの貧困問題プロジェクト研究紀要：わっかないの子ども・若者2018-2019』2020年、129頁。
20) 宮﨑前掲、204頁。
21) この点に関して、稚内市立潮見が丘中学校父親の会OB会会長・父親ネットワーク北海道会長の丸山修氏は、当初は自らの子のためにPTA活動・父親の会の活動に取り組んだが、仲間と共に行動しながら学んでいく中で、自らの「子育て」の対象が「わが子」から「地域の子」へ広がっていったと述べている。また、そうした活動が継続してきた要因として「仲間と力を合わせて共に活動することの"楽しさ"」があるとしている。丸山修、若原幸範「わが子の父、地域のオヤジ、学校と仲間とともに」『月刊社会教育』第59巻第3号（2015年3月号）、2015年、38-43頁。

第 5 章
ボランティア×地域×SDGs
── SDGs実現に向けてボランティアが果たす役割

　「持続可能な開発」を進めていくためには、政府機関や企業だけでなく、一人一人の市民の主体的参画が不可欠となる。本章では、地域で取り組まれるボランティアがSDGsを推進するうえでどのような役割を果たすことができるのか、またボランティアにとってSDGsの視点を取り入れることの意義について検討を行った。結果として、SDGs推進におけるボランティアの多様な可能性とボランティアにとっても活動の新たな展開があることが示唆された。

1. ボランティアとSDGs

1.1　ボランティアとは何か？

　ボランティア（volunteer）とは、「市民が自発的かつ無償で行う社会的な活動」だとされている。その語源をたどると、自ら進んで兵隊となる「志願兵」という意味や正規の軍隊には所属せず見返りも求めずに自発的に戦闘に参加する「義勇兵」という意味をもつ。現代においては以下のように「自発性・主体性」「社会性・連帯性」「無償性・無給性」という原則、ないしは「先駆性・創造性」を加えた4つの原則で説明されることが多い。

　自発性・主体性：語源である志願兵からもわかるとおり、ボランティアにおいては「自ら進んで行う」ことを重視している。仮に社会に貢献する活動を行っていたとしても、義務や強制的に取り組まされたことであれば、ボランティアとは呼べない。本人の意思を大切にしている。

第 5 章　ボランティア×地域× SDGs

社会性・連帯性：社会や誰かの困りごとに対して、支え手としての役割を担う。また、困りごとの解決にとどまらず、よりよい社会に向けた活動にも取り組むのがボランティアと言える。

無償性・無給性：活動の対価として、金銭をはじめとした物的な報酬を得ることはしないことが原則とされている。ただし、感謝の言葉ややりがいなどの精神的な報酬については、その限りではない。

先駆性・創造性：自発的に社会的な活動に無償で取り組むということは、結果的に他の誰もが取り組んだことのない新しい活動を創造し、先駆的な役割を担うことになる。それがボランティアの特徴でもあるとされている。

　日本においては、1995年1月17日に発生した**阪神・淡路大震災**で100万人以上のボランティアが駆けつけたことで、後に「**ボランティア元年**」とも呼ばれ、社会全体に大きなインパクトを与えた。それは、多くの人がボランティアとして駆けつけたという事実だけでなく、従来型の福祉分野に特化した制度補完的なボランティアという認識が変化し、自然災害への対応をはじめ、文化・環境・国際等多様な活動分野の広がりとともに、新しい社会をつくる先駆的な役割を期待されるようになったからである。また、活動者自身にとっても、生きがいや自己実現の機会として捉えられるようになっていった。

1.2　日本におけるボランティアの現状

　近年では2011年3月11日に発生した**東日本大震災**や2024年1月1日におきた**能登半島地震**においても、多くのボランティアが現地に訪れ、がれき撤去からコミュニティの再生等、多岐にわたる活動を展開している。東日本大震災の際には、各市町村社会福祉協議会に設置された災害ボランティアセンターを通じて活動したボランティアの人数だけでも、150万人以上

の人がボランティアに参加している[1]。災害ボランティアセンターを経由せず、NGO、大学、企業、生協、専門組織、宗教組織等も活動に関わっており、実際にはさらに多くのボランティアが駆けつけたと考えられている。日本では、地震・水害など1年を通じてさまざまな災害が起きているが、その都度現地に駆けつけるボランティアは、今ではなくてはならない存在として認識されている。

では、日本全体で考えたときに、ボランティア活動に取り組む人たちはどの程度存在するのだろうか。内閣府が実施している「令和4年度　市民の社会貢献に関する実態調査」において、2021年の1年間にボランティア活動を「したことがある」と回答した人は17.4％であった[2]。東京都で都民に向けて実施した調査では、2022年の1年間にボランティア活動を「したことがある」と回答した人は21.2％となっており、また、直近1年間はないが、過去にボランティア活動に参加したことはあると答えた人は21.9％であり、合計で4割以上の人がボランティア活動に参加したことがあるとのことであった[3]。

以上のようにボランティア活動は、現代日本において多くの人が経験している身近な活動であり、社会にとっても貴重な担い手として認識されていることがわかる。

1.3　ボランティアのもつ地域性

ボランティア活動は必ずしも地域で取り組まなければならないわけではない。海外でのワークキャンプや遠方の被災地での支援活動など、普段自分とは関わりのない地域で活動に従事することもあるのがボランティアである。しかし、無償の活動であるボランティアは、有給のスタッフと違い持続して遠方での活動に取り組み続けるというよりは、身近な地域での実践を得意としている。ボランティアを始める際に学ぶ基本的な心構えである「できることから始める」「無理をしない」という姿勢からも、ボランティアを継続してい

くためにも身近な地域での実践を意識していることがわかる。また、たとえ問題意識が海外での貧困問題や被災地の復興だったとしても、必ずしも現地に行かなくても行える活動が多く存在している。寄付を通した支援もそのひとつである。また、現地のことを学び、その学びを他の人々に伝える啓発活動や開発途上国を相手に貿易をする際に、不当に安い価格で買い叩くのではなく、あくまでも公平で公正な取引をするフェアトレードの商品の購入やその販売会の企画・実施等も大切なボランティア活動である。

「地球規模で考え、足元から行動せよ」(**Think globally, act locally.**)との言葉もあるが、ボランティアとはまさにその理念を体現した姿のひとつであるといえるだろう。

1.4 SDGsにおけるボランティアの位置

ではこのボランティアは、SDGsとどのような関係性をもつ存在なのだろうか。「持続可能な開発目標（SDGs）」の前身にあたる国際的な目標「**MDGs（ミレニアム開発目標）**」は開発途上国の開発にあたり、2015年までに達成すべき8個の目標（1．極度の貧困と飢餓の撲滅、2．普遍的な初等教育の達成、3．ジェンダーの平等の推進と女性の地位向上等）が掲げられていた。一定の成果を上げたMDGsであったが、課題のひとつとして指摘されたのが「取り組む主体が国連や政府に限定されていた」ことであった。そのため、SDGsにおいては、国際的な目標達成に向けて市民社会をはじめ、行政、民間企業や一人ひとりの市民も含めた多様な主体が取り組んでいくことが確認された。

そのことは、SDGsの169のターゲットのひとつである17.17や2016年に日本政府が決定した「SDGs実施指針」で示した5つの原則のひとつに「参画型」を位置づけたことからも読み取ることができる。

17.17　さまざまなパートナーシップの経験や資源戦略を基にした、効

果的な公的、官民、市民社会のパートナーシップを奨励・推進する。[4]

【参画型】
　脆弱な立場におかれた人々を含む一人ひとりが、施策の対象として取り残されないことを確保するのみならず、自らが当事者として主体的に参加し、持続可能な社会の実現に貢献できるよう障壁を取り除き、あらゆるステークホルダーや当事者の参画を重視し、当事者の視点を施策に反映するための手段を講じ、全員参加型で取り組む。[5]

以上のことから、従来のような、政府や**NGO（非政府組織）**・NPO（非営利組織）という組織による関わりだけではなく、一人ひとりの市民を主体として捉えたことにより、ボランティアとして取り組む個人もSDGsに取り組む主体として明確になったと考えられる。

2. SDGs 実現に向けてボランティアが果たす役割

SDGsがボランティアを含む個人も取り組むべき主体として捉えていることは確認できたが、SDGsを推進していくうえでボランティアはどのような役割を担うことができるのだろうか。ボランティアのもつ機能から考えてみたい。

2.1　課題解決の担い手として

最初に思い浮かぶのは、SDGsの1～16の目標に対する担い手としての役割である。冒頭に触れたとおり、ボランティアとは「市民が自発的かつ無償で行う社会的な活動」であるとされている。一般的には、福祉・環境・国際等分野ごとに紹介されることが多いが、本来のボランティアは一人ひと

第5章　ボランティア×地域×SDGs

りの「何かを変えたい！」「困っている人を支えたい！」という思いから始まっているため、その活動は人々の思いの数だけ無限に存在することになる。SDGsの目標の一つひとつに対して、「その目標を達成したい」との思いをもって自発的かつ無償で取り組んでいる市民の存在をボランティアと呼ぶことができるだろう。

　SDGsの17の目標は、実現すべき変革後の世界の特徴として"People（人間）"、"Prosperity（豊かさ）"、"Planet（地球）"、"Peace（平和）"、"Partnership（パートナーシップ）"という、5つに分けられるとされているが、特に"People（人間）"、"Planet（地球）"、"Peace（平和）"の3つとは非常に親和性が高いと考えられる（図表1）。1998年にボランティア活動をはじめとする市民の自由な社会貢献活動としての特定非営利活動の健全な発展を促進することを目的として、団体に法人格を付与すること等を定めた「特定非営利活動促進法（NPO法）」別表（第2条関係）において、現在、図表2のように20の「特定非営利活動の活動分野」を定めている。

図表1　変革後の世界の特徴とSDGsの目標

変革後の世界の特徴	17の目標
People（人間）	1　貧困をなくそう 2　飢餓をゼロに 3　すべての人に健康と福祉を 4　質の高い教育をみんなに 5　ジェンダー平等を実現しよう 6　安全な水とトイレを世界中に
Planet（地球）	12　つくる責任、つかう責任 13　気候変動に具体的な対策を 14　海の豊かさを守ろう 15　陸の豊かさも守ろう
Peace（平和）	16　平和と公正をすべての人に

2. SDGs 実現に向けてボランティアが果たす役割

図表2　NPO法（特定非営利活動促進法）における活動分野

1. 保健、医療又は福祉の増進を図る活動
2. 社会教育の推進を図る活動
3. まちづくりの推進を図る活動
4. 観光の振興を図る活動
5. 農山漁村又は中山間地域の振興を図る活動
6. 学術、文化、芸術又はスポーツの振興を図る活動
7. 環境の保全を図る活動
8. 災害救援活動
9. 地域安全活動
10. 人権の擁護又は平和の推進を図る活動
11. 国際協力の活動
12. 男女共同参画社会の形成の促進を図る活動
13. 子どもの健全育成を図る活動
14. 情報化社会の発展を図る活動
15. 科学技術の振興を図る活動
16. 経済活動の活性化を図る活動
17. 職業能力の開発又は雇用機会の拡充を支援する活動
18. 消費者の保護を図る活動
19. 前各号に掲げる活動を行う団体の運営又は活動に関する連絡、助言又は援助の活動
20. 前各号に掲げる活動に準ずる活動として都道府県又は指定都市の条例で定める活動

　両者を比較すると、「1. 保健、医療又は福祉の増進を図る活動」「7. 環境の保全を図る活動」「10. 人権の擁護又は平和の推進を図る活動」等、SDGsの目標とも一致しており、他の活動分野においても関連性が高いことが確認できる。

2.2　我々の世界を変革する主体として

　SDGsにおける世界的合意は、今の世界を維持することではなく、「我々の世界を変革する」ことにあるとされている。その変革の具体的な目標こそ、17の目標であり、169のターゲットである。そのため、担い手に求められるのは、単に困った人を助けるという対処療法にとどまらず、そもそも人々を困った状態にしない社会につくり変えていくということである。

第5章　ボランティア×地域×SDGs

(1) ボランティアの役割
　ここで、あらためてボランティアのもつ役割について考えてみたい。戦後日本の福祉の発展に尽力した阿部志郎はボランティアに期待される社会的役割として
　①地域社会の福祉ニーズに積極的に応えようとする先駆的役割
　②公的制度の不備を補う補完的役割
　③制度や行政施設に対して建設的批判をする批判的役割
　④行政施設と住民の間で理解・協力者として活動する架橋的役割
　⑤地域の福祉を守り育てる相互扶助的精神を普及する啓発的役割
の5つを挙げている[6]。ここで注目したいのは、③制度や行政施設に対して建設的批判をする批判的役割である。ボランティアは、「困った人を助けてくれる」等の無償の労働力としてみられることもあるが、阿部が指摘しているのはボランティアの役割は、単に社会的なサービスの担い手ということにとどまらない、**「社会変革者」**としてのボランティアの役割である。福祉の視点から考えれば、まずは困っている人のそばに立ち、その支え手になることが求められるが、それだけで完了するものではなく、制度や行政に対して建設的な批判を行うことで、新しい制度や社会的資源を生み出していくことが必要であるとされている。
　また、長年にわたりボランティアの支援に従事している早瀬昇はその著書において、ボランティア活動と奉仕活動の関係を図表3のように〈自発性〉と〈社会変革性〉という2つの軸で対比を行っている[7]。
　この図によれば、ボランティア活動とも奉仕活動とも呼べる共通部分Bもあるが、自発性に基づき、市民運動など社会変革性のある活動が含まれるボランティア活動Aに対して、奉仕活動は権威や権力に"奉り仕える"が語源であり、社会変革の志向は弱く強制的に取り込まれることもあり、Cのようになるとした。阿部や早瀬の主張はともに「社会を変えていく存在」としてのボランティアの姿である。もちろん、すべての活動において社会変革性をもつわけではないが、ボランティアに期待される役割として、社会を変え

2. SDGs実現に向けてボランティアが果たす役割

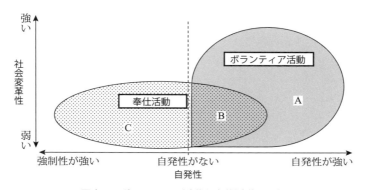

図表3　ボランティア活動と奉仕活動の関係
出典：大阪ボランティア協会編『テキスト市民活動論』大阪ボランティア協会、2011年、19頁。

ていくことが意識されていることは、SDGsの「我々の世界を変革する」との理念とも一致する。

(2) 先駆性・創造性の原則の可能性

　冒頭、ボランティアの原則として「先駆性・創造性」の原則に触れ、自発的に社会的な活動を無償で取り組むということは、結果的に他の誰もが取り組んだことのない新しい活動を創造し、先駆的な役割を担うことになると説明したが、このボランティアの特徴は社会変革を進めていくうえでも力を発揮する。

　例えば、「過ごしやすい地域にするために」ゴミ拾いを始めたとする。ゴミ拾いを定期的に行うだけでも大切なボランティア活動と言えるが、ゴミのポイ捨てが無くならない限り、いたちごっこでもある。創造性・先駆性を発揮するのであれば「どうすればゴミのポイ捨てが無くなるのか？」を考え実践することになる。ゴミ箱の設置、啓発活動の実施、より大規模なゴミ拾いイベントの開催、議会・行政に働きかけてポイ捨て禁止条例の制定を求める等多様な解決策が考えられる。ボランティアはこれらの新しい課題解決の方法について、チャレンジすることが可能である。もちろん、すべての取り組みがうまくいくとは限らないが、現状の取り組みを繰り返すだけではなく、

第5章　ボランティア×地域×SDGs

これまでやったことのない形で課題解決にチャレンジすることで、少しずつ地域社会に変化を起こしていくことが可能となる。このような、地域における地道な実践もSDGsの「我々の世界を変革する」ことにつながっていくだろう。

2.3　SDGsを自分ごととして捉えるきっかけとして

　SDGsにおいては、国際的な目標達成に向けて市民社会をはじめ、行政、民間企業や一人ひとりの市民も含めた多様な主体が取り組んでいくことが求められていることは、すでに述べたとおりである。そのためには、単に知識としてSDGsを理解するというだけではなく、現在の持続不可能な社会についての理解を深め、自分ごととして取り組んでいくことが求められている。しかし、「言うは易く行うは難し」である。卑近な例として、筆者の家で起きたSDGsをめぐるささやかな争いを紹介したい。

> 小学校でSDGsを学んだ息子は、地球温暖化についての問題意識をもち、CO_2削減についてインターネット等で調べた内容について報告をしてくれた。このままでは、地球がより暖かくなり、世界の人にとって住みづらい（もしくは住めない）環境が進んでしまうとの危機感をもっているように見受けられた。
> しかし……、である。3月下旬で暖かい日も増えてきたある朝のこと、ガスストーブをつけテレビを見ている息子の姿があった。しかも薄着で……。本人いわく「まだ朝は寒いのでストーブをつけた」とのこと。
> 結果私から「こんなことでSDGsが推進できるの？　ストーブを消して、服を着なさい！」との指摘を行い、しぶしぶ対応する息子の姿があった。

　「言うは易く行うは難し」。SDGsの趣旨を理解するのであれば、それは「社会に対してちょっといいことしよう」というような軽いものではなく、我々

の社会のあり方、そして一人ひとりの生活のあり方を問い直す運動でもある。息子に向けられた問いは、「便利さにかまけて車通勤を続けていて、SDGsを推進できるのか？」との筆者自身への問いにもつながっていく。他にも自分たちの生活を見直す多様な問いかけがあるだろう。

・家の電気の消し忘れはしていないだろうか？
・エアコンの温度設定は適正だろうか？
・購入した生鮮食品を使えないまま廃棄していないだろうか？
・ゴミの分別は適正に行っているだろうか？
・再生可能エネルギーを積極的に利用しているだろうか？
・安易に車で移動していないだろうか？
・衣類を大切にしながら長く身に着けているだろうか？

自分に関わりのない、誰かや何かではなく、自分の日常の中での変化を求めているのがSDGsであろう。

（1）ボランティアを通した当事者性の獲得

ボランティア活動のもつ力は、この「自分ごとにしていく」ことに対しても力を発揮する可能性がある。近年ボランティア活動には、活動を行った者自身にもさまざまな影響があることが報告されている。具体的には以下のような指摘である。

岡本栄一は、ボランティアの5つの意義・役割のひとつに、「④活動を通じて、活動しているボランティア自身の経験や学習の幅を広げ、自分が社会的な価値や役割をもっていることを自覚させる役割がある」[8]点を指摘している。また、長沼豊はボランティア活動による学習（Learning by Volunteer activity）は、ボランティアの行為の中に学びの要素があり、その中身として「社会理解の促進、他者理解の促進、自己肯定感や社会的有用感の獲得、自己理解の促進、自主性・主体性の涵養につながる」とした[9]。

ボランティアを通して多様な学びがあることは上記のとおりだが、「SDGsを自分ごととして捉える」ことにつながる視点として「当事者性の獲得」が

挙げられる。松岡廣路は当事者性について「『当事者』またはその問題との心理的・物理的な関係の深まりを示す度合い」[10]と定義しており、「当事者性が高め深められる」例として以下の2点を挙げている[11]。

① 気軽にボランティアをはじめた後、徐々に対象者が身近な存在となり、その人との関係抜きには自分の生活を考えられなくなるというような状況

② 「社会的に恵まれない、かわいそうな人」という発想から抜け出て、対象者の抱える問題を自分にとっての問題と捉えるようになり、対象者がともに解決のための行動を起こす仲間になったりすること

ボランティア活動を通して、SDGsの掲げている目標の先にある持続不可能な社会の状況やその中で苦しんでいる人たちに出会い、関わり続けることは、活動者自身の当事者性を高め、社会の問題を自分の問題として捉え、日常における変化にもつながっていくことが考えられる。その点においても、SDGsの推進において、ボランティアの存在は不可欠な要素だと言えるだろう。

3. ボランティアにおけるSDGsの可能性

ここまでは、SDGsを進めるうえでのボランティアの役割や可能性について考えてきたが、次にボランティアの側からみたSDGsの可能性について検討をしていきたい。SDGsという概念が生まれる前から、ボランティア活動は展開されており、その独自の取り組みが地域の中で継続されている。既存のボランティアにとって、SDGsの考え方に触れ取り入れるということは、どのような意味や変化をもたらしていくのかについて検討していきたい。

3.1 活動者のモチベーションアップとさらなる学習の機会に

ボランティアが大切にしている原則に「自主性・自発性」があることは冒

3. ボランティアにおけるSDGsの可能性

頭に紹介したとおりである。そのことは、ボランティアが「一人ひとりの思い」を重視していることを示しているが、ボランティアに取り組むその「思い」は実に多様性に富んでいる。内閣府が実施している「令和4年度　市民の社会貢献に関する実態調査」において、ボランティア活動に参加したと回答した人の「参加理由」をみてもその傾向を読み取ることができる。

一番回答が多かったのは「社会の役に立ちたいと思ったから（59.1％）」であり、「自己啓発や自らの成長につながると考えるため（34.3％）」「自分や家族が関係している活動への支援（25.4％）」が続いている。ボランティアを通して社会の役に立ちたいと考えている層が約6割いるが、活動を通してむしろ自分自身の成長につなげたいという層も3割以上に上っている。一見すると「自分のためのボランティア」とも見受けられる動機であるが、近年においてはボランティアの原則を見失わない限りにおいては、活動を通

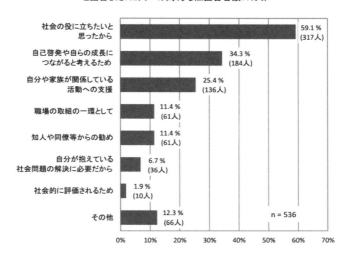

図表4　ボランティア活動への参加理由

出典：内閣府「2022年度（令和4年度）市民の社会貢献に関する実態調査報告書」、13頁、図表9。

した活動者自身へのメリットについても、尊重ないし推奨されるようになっている。

　これらの多様な思いをもったボランティアがSDGsとつながることはどのような意味をもち、またどのような影響があるだろうか。筆者が考える答えは、「活動に対するモチベーションの向上」と「社会問題に対するさらなる学びのきっかけ」である。ボランティア活動の多くは地域の中でそれぞれが、「できることをできる範囲で」取り組むことになる。NPOの有給スタッフなどと違い、必ずしも多くの時間を活動に割くことはできない人が多いため、活動への関わりについてもささやかなものになる。しかしその「ささやかな活動」がSDGsという世界の目標とつながっているという事実を知ることは非常に重要なことだろう。

　例えば、子ども食堂のボランティアとして、月2回子どもたちの食事を作り、交流の時間をもつボランティアがいるとしよう。本人にとっては、「子どもが好きであり、地域の子どもに温かい食事を届けたい」との思いからかもしれないが、そのことがSDGsの「目標1　貧困をなくそう」という世界の願いともつながっていることは、きっと活動者を勇気づけることにつながるだろう。さらに、取り組みを通して、

・日本で子どもの相対的貧困率はおおよそ6人に1人の割合であること
・子どもがいるひとり親世帯などが経済的に苦しい傾向にあること

についても学ぶことになる。貧困問題は、海外の問題ではなく、私たちが暮らす日本においても解決しなければならない深刻な課題であることに気づくだろう。そこからさらに、**貧困の連鎖**や教育格差等への学びを深めていくことで、活動へのさらなる動機づけにもつながっていくと考えられる。自分の取り組んでいることは、一見するとささやかな活動かもしれないが、それが自分の国、そして世界共通の課題解決に貢献することでもあるとの実感は、ボランティアにとって大きな支えとなっていくだろう。

3.2　社会変革性の再確認の機会として

　ボランティアのもつ機能として「社会変革性」があることは、先に述べたとおりである。しかし、この社会変革性については、必ずしも現場で活動しているボランティアの多くが意識しているとは言えない状況がある。むしろ、新自由主義型の社会が進み、社会保障費が削減される中において、安上がりの労働力として、都合よくボランティアが利用されてしまうとの危険性もある。この点については、ボランティアの役割においても引用した阿部志郎が以下のように指摘している。

　　ボランタリズムの特色が、「社会とともに」歩みつつ、「社会より一歩早く」開拓的先駆的役割を負い、また「社会に一歩遅れて」落ち穂拾いの役目を担うことであるならば、日本でもボランタリズムは開花したが、同時に、ボランタリズムの基本的性格が現実社会や国家権力に「逆らって」という非妥協性を内包しているとすれば、この側面はわが国では結実されなかったといえよう。[12]

　このように、日本におけるボランティアの社会変革性については、まだまだ発展途上の状況にある。ここであらためてSDGsの方向性を考えてみたい。SDGsは「誰ひとり取り残されない」こと、また「経済、社会及び環境の三側面を調和させる」こと（「2030アジェンダ」前文）を前提とした具体的な17個の目標と169個のターゲットにより「我々の社会を変革する」ことを目指している。SDGsの取り組みの主体として、市民にも「社会（世界）を変革していく」ことが求められているのである。このSDGsによる要請は、ボランティア活動に取り組む者にとって、「今ある活動で満足してよいのか？」との問いかけにつながる。「課題を生み出す社会の状況」に目を向け、その解決への働きかけに力を注ぐことへの重要性を再度ボランティアに気づかせてくれる機会になるだろう。それは、ボランティアの本来のありようを

SDGsを通して、再発見・実践していくことにほかならない。

3.3　活動のあり方の見直しと新たな発見

　ボランティア活動の中にSDGsの視点を取り入れることは、これまでの活動を見直し、より発展していくためのヒントを得る機会にもなる。目標17「パートナーシップで目標を達成しよう」は、1～16の目標を実施する際の取り組み方への示唆が示されている。具体的には以下のターゲットが参考になるだろう。

17.16　全ての国々、特に開発途上国での持続可能な開発目標の達成を支援すべく、知識、専門的知見、技術及び資金源を動員、共有するマルチステークホルダー・パートナーシップによって補完しつつ、持続可能な開発のためのグローバル・パートナーシップを強化する。
17.17　さまざまなパートナーシップの経験や資源戦略を基にした、効果的な公的、官民、市民社会のパートナーシップを奨励・推進する。

　パートナーシップは本来、目標達成のための手段ではあるが、社会的な課題を解決するうえで多様な主体の連携は不可欠である。ボランティアの中には、残念ながら長年の慣例により、自分たちの中で自己完結している活動も存在する。そのような団体にとって、SDGsの視点、特に「パートナーシップで目標を達成しよう」を学び取り入れることが、活動の発展にも大きな影響を及ぼすことになる。
　・自分たちと同じような目標をもった団体はないか？
　・行政と連携することでより多くの人を支えられないか？
　・企業と連携することで、解決できる課題はないか？
等、課題解決を図るうえで他のパートナーのことを知り、協働することで多様な解決方法があることに気づくことになる。従来からの活動を大切にしつ

つ、自分たちの願いや世界の目標を実現するために、より多様な主体との連携を意識していくことがボランティア活動のさらなる発展につながっていくことになるだろう。

4. ボランティア×地域×SDGs を近づけるために

　ここまでみてきたように、SDGs を進めていくうえでボランティアによる参画は大きな意味をもつ。また、ボランティアに取り組むものにとっても、SDGs の視点を学ぶことで、活動の発展や向上を図れる可能性があることがわかってきた。しかし、現状において両者は必ずしも互いの強みを生かし切れていないように見受けられる。SDGs の推進においては、企業の参画が注目されており、ボランティアにとっては自分たちの活動と17の目標の関連までは意識していたとしても、「我々の世界を変革する」という理念や「目標17　パートナーシップで目標を達成しよう」との視点から、自分たちの活動を見直すところまでには至っていないことがほとんどではないだろうか。そのような問題意識から、聖学院大学ボランティア活動支援センターにおいては、NPO法人エコ・コミュニケーションセンター代表の森良氏にご協力いただき、2019年に『自分とみんなの幸せをつくる　ボランティア／市民活動と持続可能な世界（SDGs）』を発行し、必要に応じて講習会を実施するなどしてSDGsの視点を取り入れたボランティアの展開に力を入れている。以下に、冊子に掲載した「マイSDGsワークショップ」の一部を紹介したい[13]。

4.1　ワークⅠ「自分のやりたいことと世界の課題を結びつける」

（冊子8-10頁）

《対象》ボランティアや市民活動にこれから関わる方

第 5 章　ボランティア×地域×SDGs

《目標》自分のやりたいことと世界の課題のつながりをつかみ、やりたいことをより一層明確にする。
《用意するもの》模造紙・付箋(ふせん)（3 色）・マーカー
《手順》
- ① 黄色の付箋に各自のやりたいことを 1 枚につき 1 項目というルールで書き出す（何枚書いてもよい）。
- ② ①を模造紙に貼りグルーピングする（似ているもの、近いものを集め島をつくる）。
- ③ 青の付箋に世界や社会の問題で気になることを書き出す（何枚でも）。
- ④ ③を模造紙の縁に似ているもの、近いものを集めて貼り出す。
- ⑤ ②と④を見比べながら「やりたいこと」が「気になること」の解決につながりそうなものを見つける。
- ⑥ つながる「やりたいこと」と「気になること」を線で結び、どうつながるのかの理由を緑の付せんに書いて線の上に貼る。
- ⑦ 最後に、どんな「やりたいこと」と「気になること」がどうつながるかや、このワークをやってみて気がついたことなどを発表・共有する。

4.2　ワークⅡ「自分の関心と世界の課題、これからなにをやったらいいか」

（冊子10-11頁）

《対象》ボランティアや市民活動にこれから関わる方
《目標》自分のやりたいことと世界の課題のつながりをつかみ、やりたいことをより一層明確にする。
《用意するもの》ワークシート①
《手順》
- ① ボランティア・市民活動実践者に活動づくりのポイントについ

4. ボランティア×地域×SDGs を近づけるために

て話していただく。
② ワークシート①に各自記入を行う。
③ 各グループ内でワークシートの項目について発表し、互いにコメントやアドバイスをもらう。

図表5　ワークシート①

ワークシート
自分の関心と世界の課題、これからなにをやったらいいか

なまえ

課題	自分の考え
① 気づき この分科会では、これまでにどんな気づきがありましたか？	
② 関心（活動） 自分の関心（活動している人は「何をやったらよいか」）は深まりましたか？どんなふうに？	
③（深めるために）調べる 深めるために調べたいこと（調べ方）はどんなことですか？	
④（協力してほしい）人 深めるために一緒に考えてほしい人はどんな人（団体）ですか？	
⑤ プラン 深めるためのプランを考えて書いてみてください。	なぜ　　　　　　　　　　　　　　　目標 時間軸　──────→　○ すべきこと だれに だれと どうやって
⑥ SDGs17目標との関連 活動と関連するアイコンに○をしてみましょう。	

第5章　ボランティア×地域×SDGs

4.3　ワークⅢ「活動の場を持続可能で豊かなものに」

（冊子12頁以下）

《対象》すでにボランティアや市民活動を行っている方
《目標》自分たちの活動を発展させるため、および、活動の場を持続可能な
　　　　ものにするための提案をつくる
《用意する物》A4の紙、マーカー、ワークシート②
《手順》

① A4の紙で4つの窓をつくり、以下の項目を記入する

名前	やっていること
ボランティアで実現したいこと	こんな協力があるといい

② 記入が終了したら、近くの人と1対1でこの紙を使って自己紹介をしあう。
③ 相手の紹介の気に入った項目に自分のサインをする。
④ お互いに紹介しあったら、別れて次の人のところに行き、同様に自己紹介する。
⑤ 同じ活動をしている者同士がグループとなり、①で作成した作品を見ながら、自分たちの活動を発展させるための課題や活動の場を豊かなものにするために必要なことを話し合い、メモをとる。
⑥ ワークシート②の項目について話し合い、内容を詰めていく。
⑦ ワークシート②をグループごとに発表し、全体で共有する。

図表6　ワークシート②

グループ名	活動地域：	（メンバー：　　　）
提案	提案の概要	
効果	（自分たちにとって）／（地域パートナーにとって）　その提案を実行するとどんな効果があるか	
必要なこと	パートナー：　実行するために必要なこと、協力してほしいパートナー	

　本ワークについては、『自分とみんなの幸せをつくる　ボランティア／市民活動と持続可能な世界（SDGs）』を無料でダウンロードすることが可能なため、活用いただきたい[14]。これらのワークを活用いただき、ボランティア×地域×SDGsがより進むことを願っている。

注

1) 全国社会福祉協議会、東日本大震災12年「1. ボランティア活動者数（全社協集計資料）」。東日本大震災　岩手県・宮城県・福島県のボランティア活動者数（2018年1月まで）.pdf（2024.7.21アクセス確認）
2) 内閣府「2022年度（令和4年度）市民の社会貢献に関する実態調査報告書」2023年9月。〈https://www.npo-homepage.go.jp/uploads/R4_shimin_report.pdf〉（2024.7.21アクセス確認）
3) 東京都生活文化スポーツ局「都民等のボランティア活動等に関する実態調査【概要版】」2023年3月。〈https://www.metro.tokyo.lg.jp/tosei/hodohappyo/press/2023/07/19/documents/14_01.pdf〉（2024.7.21アクセス確認）

第 5 章　ボランティア×地域×SDGs

4）外務省 JAPAN SDGs Action Platform「SDG グローバル指標（SDG Indicators）」。〈https://www.mofa.go.jp/mofaj/gaiko/oda/sdgs/statistics/goal17.html〉（2024.7.21 アクセス確認）
5）SDGs 推進本部「SDGs 実施指針改定版」（2016 年 12 月 22 日決定、2019 年 12 月 20 日一部改訂）、6 頁。〈https://www.kantei.go.jp/jp/singi/sdgs/pdf/jisshi_shishin_r011220.pdf〉（2024.7.21 アクセス確認）
6）阿部志郎『福祉の哲学』改訂版、誠信書房、2008 年、99–100 頁。
7）大阪ボランティア協会編、早瀬昇他著『テキスト市民活動論──ボランティア・NPO の実践から学ぶ』大阪ボランティア協会、2011 年、18–19 頁。
8）岡本栄一「ボランティア＝自ら選択するもう一つの生き方」、岡村榮一・菅井直也・妻鹿ふみ子編著『学生のためのボランティア論』大阪ボランティア協会出版部、2006 年。
9）長沼豊『市民教育とは何か──ボランティア学習がひらく』ひつじ書房、2003 年、95 頁。
10）松岡廣路「福祉教育・ボランティア学習と当事者性」、『日本福祉教育・ボランティア学習学会年報』Vol. 11、日本福祉教育・ボランティア学習学会、2006 年、18 頁。
11）同、19 頁。
12）阿部志郎「キリスト教と社会福祉──ボランタリズムを中心に」、嶋田啓一郎編著『社会福祉の思想と理論──その国際性と日本的展開』ミネルヴァ書房、1980 年、97 頁。
13）聖学院大学ボランティア活動支援センター『自分とみんなの幸せをつくる　ボランティア／市民活動と持続可能な世界（SDGs）』聖学院大学ボランティア活動支援センター、2019 年、8-14 頁。
14）聖学院大学ボランティア活動支援センター発行の同上書は以下の URL および QR コードよりダウンロード可能。
〈https://serve.repo.nii.ac.jp/records/2000200〉

第6章
社会×福祉×SDGs
——障害者福祉とメンタルヘルスを中心に

　SDGsが描く目標の実現に向けて、ソーシャルワーク実践と社会福祉の充実は必要不可欠である。SDGsの世界観で強調されるインクルージョン（Inclusion＝包摂性）やウェルビーイング（Wellbeing＝よく生きる）といった概念は、ソーシャルワークが目指す重要な理念にもつながっているからである。SDGsで掲げている「誰ひとり取り残されない（No One Will be Left Behind）」地域社会の実現は、ソーシャルワークや社会福祉が取り組んできた長年の命題である。

　社会福祉も多様な分野が存在するが、障害のある人々が暮らしやすい地域社会づくりは、誰もが自分らしく生きていける社会の構築へとつながっていく。また、その人らしい生活ならびにSDGsの観点からも、人々のメンタルヘルス（心の健康）について検討していくことが求められる。そこで、本章では最初にSDGsとソーシャルワークや社会福祉の関係について整理し、障害者福祉やメンタルヘルスを中心的なテーマに据えながら、特にソーシャルワークや社会福祉と関連が深いSDGsの目標1、目標3、目標4、目標5を中心に、ソーシャルワークとSDGsのかかわりを考察する。

1. はじめに

1.1　ソーシャルワーク（社会福祉）とSDGs

　ソーシャルワークと持続可能な開発目標（SDGs）には、どのようなつながりがあるのだろうか。2014（平成26）年7月にオーストラリアのメルボルンで開催された国際ソーシャルワーカー連盟（IFSW）総会及び国際ソーシャ

ルワーク学校連盟（IASSW）総会で採択されたソーシャルワーク専門職のグローバル定義では、「ソーシャルワークは、社会変革と社会開発、社会的結束、および人々のエンパワメントと解放を促進する、実践に基づいた専門職であり学問である。社会正義、人権、集団的責任、および多様性尊重の諸原理は、ソーシャルワークの中核をなす。ソーシャルワークの理論、社会科学、人文学、および地域・民族固有の知を基盤として、ソーシャルワークは、生活課題に取り組みウェルビーイングを高めるよう、人々やさまざまな構造に働きかける。この定義は、各国および世界の各地域で展開してもよい」[1]とされる。

一方、2015年9月25日第70回国連総会で採択された「我々の世界を変革する：持続可能な開発のための2030アジェンダ」では、経済や教育、健康の格差、ジェンダーや人種による差別や不平等、社会的排除など人々のウェルビーイングを阻害する社会的な課題の解決を目標としている。したがって、SDGsとソーシャルワークが目指す方向性は一致しており、SDGsの実現にはソーシャルワークの価値・知識・技術が不可欠な要素といえる。

1.2 ソーシャルワーク（社会福祉）とSDGsで関連する主な概念

前述のとおり、ソーシャルワーク（社会福祉）とSDGsの世界観で共通する重要な概念として、インクルージョン（Inclusion）とウェルビーイング（Wellbeing）が挙げられる。これらに関連する鍵概念であるソーシャル・インクルージョンやノーマライゼーション、ウェルビーイングの概要について触れる。

（1）ノーマライゼーション

ノーマライゼーション（Normalization）[2]は、障害の有無にかかわらず、一人の人間として同等に生活できる条件を整えて、誰もが当たり前の権利を行使できる社会を目指す考え方であり、ソーシャル・インクルージョンと同様に、社会福祉政策の重要な理念とされる。

1. はじめに

　世界で初めてノーマライゼーションを提唱したデンマークのバンク-ミケルセン（N. E. Bank-Mikkelsen）は、「ノーマライゼーションの父」と称される。社会省の担当官であったバンク-ミケルセンは、劣悪な環境の巨大施設に隔離収容されている知的障害児者の実態に直面した。このような状況の改善を求めて、1951年に設立した知的障害者の親の会は社会運動を展開していた。バンク-ミケルセンは、この運動に深く共鳴し、親の会の願いを実現するための政策に向けて尽力した。こうして成立した1959年法にノーマライゼーションという言葉が世界で初めて使用されたのである。

　また、スウェーデン知的障害児者連盟のベンクト・ニィリエ（B. Nirje）は、デンマークの1959年法前文「知的障害者ができるだけノーマルな生活を送れるようにする」を引用し、「知的障害者は、一般の人々と同等のノーマルなリズムで生活し、ノーマルな成長段階を経て、自分の人生を自分で決定し、ノーマルなライフサイクルを送る権利がある」というノーマライゼーションの原理を提唱した。ニィリエは、ノーマライゼーションの8つの要素と平等の権利として、①1日のノーマルなリズム、②1週間のノーマルなリズム、③1年間のノーマルなリズム、④ライフサイクルにおけるノーマルな発達的経験、⑤ノーマルな要求の尊重、⑥その文化におけるノーマルな性生活、⑦その社会におけるノーマルな経済水準とそれを得る権利、⑧その地域におけるノーマルな環境水準を示している。

　一方、ドイツ生まれのヴォルフ・ヴォルフェンスベルガー（W. Wolf Wolfensberger）は、ソーシャル・ロール・バロリゼーションという概念を提唱し、障害者個人の能力や社会的なイメージの向上を重視した。ヴォルフェンスベルガーは国や地域の文化に着目し、文化の違いがノーマライゼーションの実現内容の変化をもたらすとし、北米での普及に尽力した。

　これらの取り組みを通じて、ノーマライゼーションは次第に世界へ浸透し、国連で1971年「知的障害者の権利宣言」や1975年「障害者の権利宣言」が採択された。さらに、ノーマライゼーションの実現を目指して、1981年には「完全参加と平等」をテーマとした「国際障害者年」の制定へとつながっ

た。北欧から広がりをみせたノーマライゼーションは、近年では社会福祉の基盤となる重要な概念のひとつに位置づけられている。インクルーシブ（包括性）とダイバーシティ（多様性）が重視される現代において、ノーマルとは何なのかがあらためて問われている。

(2) ソーシャル・インクルージョン（Social Inclusion）

ソーシャル・インクルージョン（**社会的包摂**）とは、「障害者や民族少数派など、社会的に排除されやすい人々が孤立したり、取り残されたりしないように擁護し、あらゆる人々が社会の一員として参画できるように支え合う」という誰もが共に生きる社会の創造を目指す考え方である。ソーシャル・インクルージョンとノーマライゼーションは類似した概念だが、ノーマライゼーションは上述のとおり「障害の有無にかかわらず、平等に生活できる社会」を目指している。一方、ソーシャル・インクルージョンは「多様性をもった全ての人々を社会が受け入れて包摂すること」を目的としており、ノーマライゼーションを基礎としてソーシャル・インクルージョンの概念が誕生している。

ソーシャル・インクルージョンという概念は、対義語である**ソーシャル・エクスクルージョン（Social Exclusion＝社会的排除）**から生まれたとされる。1947年にフランスの社会学者ルネ・ルノワール（René Lenoir）が、障害者や生活困窮者などが社会制度・政策の狭間に置かれている、いわゆる「社会的排除」の状態にあることを指摘したことが起源といわれる。その後、ヨーロッパを中心にソーシャル・エクスクルージョンの解決を目指す中で、対の理念であるソーシャル・インクルージョンが提唱された。1997年のアムステルダム条約において、フランスをはじめとしたEU（欧州連合）加盟国では、社会的排除の防止と解消を目指した国内計画を義務化し、社会政策の重要な理念としてソーシャル・インクルージョンを位置づけている。

日本においても、2000（平成12）年12月に厚生省（当時）による「社会的な援護を要する人々に対する社会福祉のあり方に関する検討会報告書」[3]で、

社会的に弱い立場にある人々を社会の一員として包み支え合う、ソーシャル・インクルージョンの理念を進めることを提言している。

（3）ウェルビーイング

　ウェルビーイング（Well-being）は、身体的、精神的に健康な状態であるだけではなく、あたりまえの権利が尊重され、社会的、経済的にも満たされている状態である。ウェルビーイングは、1946年にWHO（世界保健機関）憲章で健康を定義する際に使用された概念であり、主観的な幸福感や満足度、QOL（Quality of life：生活の質）を含めた総合的な状態を表現している。上述のように、「ソーシャルワークは、生活課題に取り組みウェルビーイングを高めるよう、人々やさまざまな構造に働きかける」としており、高橋（1994）によれば、従来の救貧的なウェルフェア（welfare＝福祉）から、「より積極的に人権を尊重し、自己実現を保障する」という意味を有する[4]。

　SDGsが掲げる未来は2030年までだが、それ以降の目標として、「全ての人々が持続可能なウェルビーイングの状態を目指す」という「SWGs（Sustainable Well-being Goals）」が国際的に提唱され始めている。ウェルビーイングは、個人だけではなく社会全体のより良い状態を目指しており、新型コロナウイルスの影響によるメンタル不調や孤独・孤立の問題など、より一層注目されている。

　その実現に向けては、利他的な行動や社会貢献も影響を与えるため、身近なボランティア活動を始めてみるのもひとつかもしれない。個人が夢や目標を抱き、人とのつながりを大切にし、自分らしく生きるためには何が必要なのか。どのようなアクションができるのかを考えてみてほしい。

2. 共生社会の実現に向けたバリアフリーを考える

2.1 障害者権利条約と国連の障害者権利委員会勧告から学ぶ

　地域共生社会の実現に向けて、国連の**障害者権利条約**[5]の基本理念である障害の「社会モデル」という考え方は必要不可欠である。社会モデル[6]とは、障害のある人が日常生活または社会生活で受けるさまざまな制限は、障害のある人ご自身の心身の障害だけが原因ではなく、社会にさまざまな障壁（バリア）があることによって生じるというという考え方である。また、社会モデルに基づき、環境や心のバリアフリーを具体的に考え行動するために、国連の障害者権利委員会勧告から学ぶべきことは多い。

　2022（令和4）年8月にスイスのジュネーブで、日本への建設的対話が開催され、9月に障害者権利委員会から日本政府へ総括所見が採択された。この勧告は2028年2月までに実施すべき日本に対する宿題であり、「**Nothing about us, without us（私たち抜きに私たちのことを決めないで）**」という障害者権利条約の理念を礎に、障害者団体との緊密な協議による法制度等の見直しが求められている。全て重要な指摘事項であり、SDGsと関連が深い項目が多数ある。ぜひ、外務省やNPO法人DPI日本会議のホームページ等を参考にしてほしい。国連の障害者権利委員会勧告を踏まえ、共生社会の実現に向けたバリアフリーのあり方について考えてみたい。

2.2 障害のある人々を取り巻くバリア

　地域共生社会の実現に向けては、大きく環境と心のバリアフリーが必要となる。バリアフリーとは、あらゆる人が社会参加をするときに障壁となるバリアをなくすことである。地域社会には年齢や性別・国籍・仕事・宗教など多様な人々がいるにもかかわらず、マジョリティ（多数派）に合わせて社会

が構築されてきた。そのため、マイノリティ（少数派）にとって、不便さや困難さを生むバリアが存在する。

「令和5年版障害者白書」[7]によれば、日本で障害のある人は、身体障害436万人、精神障害614.8万人、知的障害109.4万人であり、総人口のおよそ9.2％で約10人に1人である。このように、障害のない人が多数を占めているため、これまでは障害のない人に合わせた社会がつくられており、障害のある人にとっては生活しにくい環境があり、困りごとを生むバリアとなっている。このようなバリアは、障害がある人や高齢者など多様な人がいることを考え、その人たちも参加しやすく変えていくことで解消することができる。それでは、障害のある人もない人も全ての人が参加しやすいノーマライゼーションな社会を構築するために、どのようなバリアがあるのだろうか。

障害のある人が社会で直面しているバリアは、物理的なバリア（公共交通機関、道路、建物などにおいて、利用者に移動面で困難をもたらす）、制度的なバリア（社会制度や規則によって、障害のある人が能力以前の段階で機会の均等が奪われているもの。後述で詳細に触れる）、文化・情報面でのバリア（情報の伝え方が不十分であるために、必要な情報が平等に得られないバリア）、心理的なバリア（周囲からの偏見や差別、無関心など、障害のある人を受け入れないバリア）の4つがある。ぜひ自分の生活の身近にどのようなバリアがあるのかを考えてみてほしい。

そして、これらの社会に存在するさまざまなバリアはどうすれば緩和・解消できるのだろうか。関連する法制度等の動向を取り上げながら、私たちにできるアクションを考えてみたい。

2.3　障害者の欠格条項

障害のある人たちの制度的なバリアとして、障害者の欠格条項[8]がある。欠格条項とは、身体や精神の障害があることを理由に、資格や免許等の取得を制限・禁止する、または特定の業務や公的なサービスの利用を制限・禁止

することを定めた法令規定である。欠格条項には、障害を理由に資格等を与えないといった絶対的欠格条項と病気や障害を理由に免許を与えない場合があるという相対的欠格条項がある。

　障害者欠格条項をなくす会事務局の調査によれば、2009（平成21）年に483本だった欠格条項が、2020（令和2）年には661本へと増加している。2019（令和元）年に成年後見制度利用者の欠格条項が一括削除される法律が成立した一方、「精神の機能の障害」を欠格条項として設定する法令が急増したことが要因のひとつと指摘とされている。

　欠格条項も法制度による社会的障壁のひとつである。障害者権利条約を基準とし、全ての差別的な法規定および政策を廃止し、全ての障害者が、法律の前に等しく認められる権利の保障が求められる。そのためには、まず欠格条項の実態を知り、欠格条項が残っている社会のあり方そのものを見直す必要がある。自分が身近に関わる法制度に欠格条項はないか調べてみることから始めてほしい。

2.4　障害者差別解消法と合理的配慮

　国連の障害者権利条約の締結に向けた国内法制度の整備の一環として、「全ての国民が、障害の有無によって分け隔てられることなく、相互に人格と個性を尊重し合いながら共生する社会の実現」に向け、障害を理由とする差別の解消を推進することを目的として、2013（平成25）年に**障害者差別解消法**が制定され、2016（平成28）年度より施行された。それから、2021（令和3年）に同法は改正され、2024（令和6）年度より、行政等の公的な機関だけではなく、民間事業者も「**合理的配慮**」が義務づけられた[9]。したがって、飲食店等でアルバイトをしている人なども身近な課題として考える必要がある。

　合理的配慮とは、「①行政機関等と事業者が、②その事務・事業を行うに当たり、③個々の場面で、障害者から「社会的なバリアを取り除いてほしい」

旨の意思の表明があった場合に④その実施に伴う負担が過重でないときに⑤社会的なバリアを取り除くために必要かつ合理的な配慮を講ずる」ことである。

また、同法では障害を理由とする「不当な差別的取扱い」を禁止している。不当な差別的取扱いとは、「①行政機関等や事業者が、②その事務又は事業を行うに当たり、③障害を理由として、④障害者でない者と比較して、⑤不当な（正当な理由のない）差別的取扱いをすること」等であり、障害のある人の権利利益を侵害することが禁止されている。

特に合理的配慮の提供に際し、社会的なバリアを取り除くために必要な対応について、「建設的対話」が求められる。障害のある人と事業者等が相互の情報や意見を伝え合う対話を重ねることで、新たな解決策を見出す可能性が生まれるのである。

一方、障害者差別解消法の課題は今なお残されており、障害者権利委員会勧告でも見直しが求められている。同法の課題として、NPO法人DPI日本会議は、①定義として直接的な差別だけではなく間接的な差別等も含むこと、②対象が障害者本人に限定されており、関係者まで拡大すること、③活動分野で合理的配慮の内容が異なるため、個別的な事項の規則を設定すること、④相談窓口や紛争解決の仕組みが必要といった点を指摘している。①障害者差別解消法に、複合差別・交差差別を障害者差別として盛り込むこと、②障害者差別解消法に合理的配慮の不提供を障害者差別として盛り込むこと、③障害者が、あらゆる分野で合理的配慮が受けられるようにすること、④司法、行政も含め、救済の仕組みをつくること、といった点を指摘している。なお、2024（令和6）年度の改正障害者差別解消法施行に伴い、内閣府では障害による差別を受けた際の相談窓口「つなぐ窓口」を創設している。

2.5　こころのバリアフリーについて考える

物理的・制度的なバリアが除去されても、それらを活用する人々の意識やこころのバリアがあっては地域共生社会の実現とは言い難い。心理的なバリ

アをなくすために大切なのが、一人ひとりの「心のバリアフリー」である。心のバリアフリーとは、バリアを感じている人の身になって考え、行動を起こすことである。

日本では、2004（平成16）年に厚生労働省より「**こころのバリアフリー宣言——精神疾患を正しく理解し、新しい一歩を踏み出すための指針**」が示された[10]。こころのバリアフリー宣言は、全国民を対象として、精神疾患や精神障害者に対する正しい理解を促すとともに、無理解や誤解なしに行動し、誰もが人格と個性を尊重して互いに支え合う共生社会を目指すことができるよう、8つの柱として基本的な情報を整理したものである（表1）。

誰もがいつ病気や障害になるかはわからない。だからこそ、障害や病気の有無にかかわらず、だれもが自分らしく生きられる地域共生社会の実現が必要なのである。本著を手に取ってくださっている方々もぜひ自分ごととして考え、自分が身近にできるアクションを考え実行してほしい。

表1 「こころのバリアフリー宣言」における8つの柱

【あなたは絶対に自信がありますか、心の健康に？】 第1：精神疾患を自分の問題として考えていますか（関心） 第2：無理しないで、心も身体も（予防） 第3：気づいていますか、心の不調（気づき） 第4：知っていますか、精神疾患への正しい対応（自己・周囲の認識） 【社会の支援が大事、共生の社会を目指して】 第5：自分で心のバリアを作らない（肯定） 第6：認め合おう、自分らしく生きている姿を（受容） 第7：出会いは理解の第一歩（出会い） 第8：互いに支えあう社会づくり（参画）

3. SDGsとメンタルヘルス

3.1 ウェルビーイングとメンタルヘルス

　人々がよりよく生きていく（well-being）ためには、身体的な健康と同様にメンタルヘルス（心の健康）も重要である。SDGs目標3「健康目標」の3.4においても、メンタルヘルスの解決について掲げており、心の健康と福祉の推進が求められている。WHO（世界保健機関）によれば、メンタルヘルスとは「個人が自身の能力を発揮し、生活における通常のストレスに対処し、生産的かつ有意義に働き、地域に貢献することができるような満たされた状態（well-being）」である。

　世界的なメンタルヘルスの推進に向けては、2013年にWHO総会で「No health without mental health（メンタルヘルスなくして健康なし）」を原則とした「メンタルヘルスアクションプラン2013-2020」が採択された[11]。現在は行動計画が更新され、2030年まで延長されている。また、1992年より、メンタルヘルスの普及啓発を目的として、世界精神保健連盟が10月10日を「世界メンタルヘルスデー」と定めた。日本においても、世界メンタルヘルスデーに合わせて著名人やスポーツ選手のトークイベントや、シルバーリボン運動とのコラボレーションによる東京タワーのライトアップなどが展開されている。

3.2 メンタルヘルスは数的に近く意識として遠い

　日本では1995年の阪神・淡路大震災で被災後のPTSDをはじめ、メンタルヘルスが社会問題として認識されるようになった。1998年以降は10年ほど自殺者が30,000人を超えており（2019（令和元）年は20,000人程度）[12]、2006（平成18）年に自殺対策基本法が施行された。具体的な取り組みとして、ゲートキーパー養成やこころの相談などが展開され、一定の効果もあった。

具体的な数値で見てみると、日本の精神疾患の総患者数は、厚生労働省2017（平成29）年患者調査では400万人以上、2020（令和2）年患者調査では600万人以上と推計されており、対人口比では20人に1人が少なくとも何らかのメンタル不調を抱えていることになる。あくまでも統計的な数字であり、世界的な調査では4人に1人はメンタル不調を経験するとの指摘もある。
　認知症、気分［感情］障害、神経症性障害、ストレス関連障害及び身体表現性障害の増加といった現状を鑑み、厚生労働省は2013（平成25）年より精神疾患を「五大疾病」に追加した。それまで、がん・脳卒中・急性心筋梗塞・糖尿病が四大疾病であった。つまり、国を挙げて病気の治療やリハビリテーションを推進する計画に精神疾患も加わったのである。患者数としては、他の疾患よりも精神疾患が最も多い。すなわち、数的にはメンタルヘルスは身近な問題であるといえる。
　一方、2016（平成28）年に南日本新聞が実施した鹿児島県精神保健福祉会連合会会員を対象にした調査[13]では、「精神障害への偏見・差別を感じる」と回答した本人・家族が約50％であった。また、2020（令和2）年発表の公益社団法人全国精神保健福祉会連合会（みんなねっと）による差別や偏見に関する実態調査[14]では、約30％の家族が偏見や差別などの理不尽な思いを経験している（そのうち、約20％が当事者と一緒の時に起きている）。したがって、精神障害やメンタルヘルスについて、数値としては身近でも偏見や差別の課題は根強く残っていると考えられる。

3.3　精神障害に対する偏見や差別と向き合う

（1）精神障害に対する偏見や差別の社会的な背景
　上述のように、数値的にはメンタルヘルス課題は人々の身近なテーマといえる。一方、人々の意識はどうだろうか。読者の方々は身近な問題として、メンタルヘルスについて考えたことがあるだろうか。数的には身近だが近くにそのような人がいないと感じるのであれば、そのことを隠さざるを得ない

状況があるのではないだろうか。当事者や家族が地域社会からの偏見や差別に直面することで、当たり前の権利である必要な支援やサービスの利用を思いとどまってしまうことにもなる。インクルーシブとダイバーシティを謳うSDGsの目標達成に向けても、この問題を避けては通れない。

　日本の精神保健医療施策は、世界的にみても特殊な状況があり、精神障害者を社会的排除の状況に追いやり、その家族に保護の負担が重くのしかかってきた。紙面上詳細は省かざるを得ないが、1900（明治33）年の精神病者監護法では、私宅監置が容認され、1950（昭和25）年の精神衛生法までその義務は続いた。その後も自傷他害防止監督義務など、実質的に家族に負担が重くのしかかってきた。精神科医療では精神保健福祉法による医療保護入院と措置入院という非自発的入院制度、つまり自分の意思によらない入院制度が今なお続いている。医療保護入院は家族等の同意と精神保健指定医という一定の要件をもつ医師の診察によって判断される。この制度は、家族と本人の後々の関係性に少なくない影響を与えるということは想像にかたくない。

　このような背景を通じて、日本は先進諸国の中で、人口比による入院病床数が最も多く、入院期間も一番長い状況が続いている。また、精神障害に対する誤った認識による差別や偏見に苦しむ人々も多く存在している。国連の障害者権利委員会勧告においても、「障害者の強制入院は差別であり、自由の剥奪に相当する」とし、精神科病院の入院患者全てのケースを見直し、地域社会における自立生活支援の促進が必要であると指摘している。

（2）メンタルヘルスとマスメディア報道の影響

　マスメディアは不特定多数の人々に対する同時発信が可能なことから、住民に接する機会が多い媒体として、普及啓発における重要な役割を果たすことが期待される。しかし、こころのバリアフリー宣言報告書においても、「メディア自身も過去の報道で、精神障害者への偏見を助長してきたという経験を自覚し、この経験を繰り返さないよう、日常の報道活動に当たる必要がある」[15]と指摘されており、偏りのある報道がなされてきたことは否めない。

第6章　社会×福祉×SDGs

例えば、事件が報道された際、その容疑者が「精神科の通院歴あり」などと表明されることで、これを目にした人々は「精神障害者＝危険な人」という誤った認識を増長させてしまう恐れがある。このような、精神障害のある人は犯罪を起こしやすいというイメージは誤りで、犯罪白書では全体の１％程度である。なお、認知症や他の障害者ドラマやドキュメンタリーにより、理解度や認知度が向上したことから、人間性や生き方をアピールするなどの創意工夫によって、精神障害者の場合も同様の効果が期待されるとの提言もある。

　こうしたマスコミ報道のあり方について、公益社団法人日本精神保健福祉士協会は提言を行っている。また、報道のあり方を検討するために、同協会では、2020（令和２）年10月に「精神障害と事件報道に関するメディアへの提案」[16]として、①報道がもたらす否定的な影響を認識する、②犯行との関係性が明確ではない段階での入通院歴、病名、服薬歴、社会保障・福祉の利用の伝達を控える、③社会的な背景や課題を掘り下げる、④偏見・差別を減らす努力をする、⑤コメンテーターの選出を考え直す、⑥薬物再使用への刺激や自殺の誘発を避ける工夫をする、といったことについて、具体的な提言を行っている。その後、メディア連携委員会が組織され、勉強会や情報交換が行われている。

　メディア関係者は当事者や家族、専門職と十分に議論を行い、正確な知識の伝達を通じて、国民が抱く精神障害に対する恐れや偏見、誤解を解いていくことが求められる。

（3）施設コンフリクト
　精神障害者や家族に対する差別や偏見の問題は、**施設コンフリクト**という形でも現れる。施設コンフリクトとは、障害者施設等の設立について地域住民が反対運動を起こすことであり、この問題は精神障害者に限ったことではない。2020（令和２）年に一般社団法人全国手をつなぐ育成会が実施した調査[17]では、グループホーム等の障害者関連施設の建設や運営開始にあた

り、地域住民からの反対件数は90件で全体の25％であった。施設建設の反対理由として、世代を越えた障害者観に基づく恐怖や漠然とした不安がまだまだ根強い。総論賛成各論反対という言葉があるが、理屈ではわかっていても、感情で受け入れることが難しい社会的課題といえる。私たちはこの問題とどのように向き合っていく必要があるのか。

障害者差別解消法では、国や地方自治体に対して、障害者施設等の認可に際して地域住民の同意を求めず、理解を得られるように積極的な普及啓発を促進するとされる。近年では市町村障害福祉計画等においても、SDGsを意識した計画立案がなされるようになっている。行政機関だけではなく、官民一体となって情報や知識の提供と同時に、建設的対話を積み重ねる中で、地域住民の不安や疑問にも寄り添うかかわりが相互理解の第一歩につながるのではないか。

3.4　精神障害に対する偏見や差別の解消に向けて

精神障害をはじめメンタルヘルス課題に対する偏見や差別の解消に向けて、さまざまな施策や事業が展開され始めている。ここでは主な取り組みを紹介する。

（1）心のサポーター養成講座

こころの病気をもつ人に対する差別や偏見のない地域共生社会の実現に向けて、地域住民の理解や支えも重要となる。そのため、地域住民に対する普及啓発の効果的な実施が求められており、「心のサポーター養成事業」[18] が開始された。厚生労働省による心のサポーター養成事業は、正しい知識と理解に基づき、家族や友人など身近な人に対して、傾聴を中心とした支援を行う小学生から高齢者まで幅広い対象としている。2033（令和15）年度末までに、心のサポーター100万人の養成を目指している。

(2) 高校による精神疾患教育の必修化

スポーツ庁によれば、高校の学習指導要領から精神疾患の項目が削除されたのは1978（昭和53）年である。優生思想による精神疾患の偏った記述があり、偏見を助長すると判断されたと考えられる。それから約40年の時を経て、高校の指導要領改訂により、2022（令和4）年度に必修となった。

こうした背景には、小中高生の自殺増加がある。2022（令和4）年の警察庁による調査では514人と過去最多となっている[19]。その要因として、学業や進路、友人・家族関係、病気の悩みなどが複合的に絡み合っているとされる。

そのため、自分自身や周囲の異変に気づくことや心のSOSの出し方を早い段階から学ぶ「心のSOS教育」は今後ますます重要となる。精神疾患の発症ピークが10代前半という海外の研究成果もあり、予防的な観点では、小中学校での必修化なども今後の検討課題といえよう。

(3)「一人の地域住民として」出会う

例えば、みなさんの親友から「実はうつ病で……」と告白されたら、どのように感じるだろうか。おそらく、自分にできることは何かしたいと感じるのではないだろうか。それは精神疾患を抱える人ではなく、一人の友として出会っており、その関係性を紡いでいるからではないか。このような思いがメンタルヘルスの専門職を目指す強い動機となっている学生もいる。そうであるならば、診断名で判断するのではない、一人の人として出会える場を創出し、人と人、思いと思いをつなげていく支え合いのあり方を検討する必要があるのではないか。

4. おわりに

世界的な障害者福祉やメンタルヘルス課題におけるSDGsの目標達成に向

けては、ミクロ・メゾ・マクロレベルにおいて、連続性のある対応が求められる。しかし、個人レベルでの取り組みで大風呂敷を広げる必要はない。自分自身の立場だからこそできるアクションが必ずあるはずである。そして、誰もができる社会を変えられるアクションは「選挙」へ行くことである。どうせ自分が一票投じても変わらないと思うかもしれない。しかし、株式会社笑下村塾のデータでは、東京都知事選挙で最も多い票は無投票数であったとされる。

　本書を手に取ってくださった方々が、興味・関心のある分野で自分のできるアクションを起こすきっかけとなれば幸いである。

注

1) 日本ソーシャルワーカー連盟（JFSW）「ソーシャルワーク専門職のグローバル定義」〈https://jfsw.org/definition/global_definition/〉（2024.6.30アクセス確認）。
2) DINF　障害保健福祉研究情報システム：重要な用語の解説「ノーマライゼーション」〈https://www.dinf.ne.jp/doc/japanese/glossary/Normalization.html〉（2024.6.15アクセス確認）。
3) 厚生労働省『「社会的な援護を要する人々に対する社会福祉のあり方に関する検討会」報告書』、2000年〈https://www.mhlw.go.jp/www1/shingi/s0012/s1208-2_16.html〉（2024.6.15アクセス確認）。
4) 高橋重宏『ウェルフェアからウェルビーイングへ――子どもと親のウェルビーイングの促進：カナダの取り組みに学ぶ』川島書店、1994年
5) 藤井克徳『国際障害者年から40年の軌跡　障害のある人の分岐点――障害者権利条約に恥をかかせないで』JDブックレット5、やどかり出版、2021年
6) 国土交通省総合政策局バリアフリー政策課「知っていますか？街の中のバリアフリーと「心のバリアフリー」」、『障害ってどこにあるの？　こころと社会のバリアフリーハンドブック』〈https://www.mlit.go.jp/sogoseisaku/barrierfree/content/001707532.pdf〉（2024.6.15アクセス確認）。
7) 内閣府「令和5年版　障害者白書」〈https://www8.cao.go.jp/shougai/whitepaper/r05hakusho/zenbun/index-pdf.html〉（2024.6.30アクセス確認）。
8) 臼井久実子編著『障害のある人の欠格条項ってなんだろう？Q＆A――資格・免許をとって働き、遊ぶには』解放出版社、2023年
9) 内閣府リーフレット「令和6年4月1日から合理的配慮の提供が義務化されました」〈https://www8.cao.go.jp/shougai/suishin/pdf/gouriteki_hairyo2/print.pdf〉（2024.6.30アクセス確認）。

10）厚生労働省『心の健康問題の正しい理解のための普及啓発検討会報告書──精神疾患を正しく理解し、新しい歩を踏み出すために（概要）』、2004年3月、別紙1〈https://www.mhlw.go.jp/shingi/2008/04/dl/s0411-7i.pdf〉（2024.6.30アクセス確認）。
11）世界保健機関、国立精神・神経医療研究センター精神保健研究所自殺予防総合対策センター訳『メンタルヘルスアクションプラン2013–2020 MENTAL HEALTH ACTION PLAN 2013–2020』、2014年〈https://www.afro.who.int/sites/default/files/2017-06/9789241506021_jpn.pdf〉（2024.6.30アクセス確認）。
12）厚生労働省「自殺対策の概要」〈https://www.mhlw.go.jp/mamorouyokokoro/taisaku/sesakugaiyou/〉（2024.6.30アクセス確認）。
13）南日本新聞取材班『精神障害とともに』ラグーナ出版、2017年
14）全国精神保健福祉会連合会『精神障害当事者の家族に対する差別や偏見に関する実態把握全国調査報告書』2019年度報告書、2020年3月〈https://seishinhoken.jp/files/medias__files/src/01e8qzrvk05dfx5ybqs05rbkyr.pdf〉（2024.6.30アクセス確認）。
15）厚生労働省「〈メディア関係者〜主体的な普及・啓発への取組〉」『心の健康問題の正しい理解のための普及啓発検討会報告書』27頁。
16）日本精神保健福祉士協会「精神障害と事件報道に関するメディアへの提案」2020年〈https://www.jamhsw.or.jp/ugoki/yobo/proposal20201030.pdf〉（2024.6.30アクセス確認）。
17）全国手をつなぐ育成会「グループホーム等障害者関連施設建設をめぐる反対運動に関するアンケート調査」調査報告書、2020年11月〈http://zen-iku.jp/wp-content/uploads/2020/12/201211gh.pdf〉（2024.6.30アクセス確認）。
18）厚生労働省「心のサポーター養成事業」〈https://www.mhlw-houkatsucare-ikou.jp/archive/data/godo0403-govref3.pdf〉（2024.6.30アクセス確認）。
19）警察庁「令和4年中における自殺の状況」2023年3月〈https://www.npa.go.jp/safetylife/seianki/jisatsu/R05/R4jisatsunojyoukyou2.pdf〉（2024.6.30アクセス確認）。

参考文献

川廷昌弘『未来をつくる道具　わたしたちのSDGs』ナツメ社、2020年
日本障害者協議会（JD）編『障害と人権の総合事典』やどかり出版、2023年
田瀬和夫、SDGパートナーズ『価値転換のその先へ──プラスサム資本主義を目指す社会』（SDGs思考、社会共創編）、インプレス、2022年

■コラム2■

ボランティア×SDGs
──ボランティア・まちづくり活動助成金の事例から

　聖学院大学ボランティア活動支援センター（ボラセン）は、2011年に発生した東日本大震災を契機に、学生たちが主体的に取り組んだボランティア活動を背景に、2012年に設立されました。現在、ボラセンを通じて年間のべ約500人の学生が、災害復興支援のみならず、大学周辺地域においても積極的にボランティア活動に取り組んでいます。

　学生たちのボランティア活動を応援するにあたり、大切なのは学生たちが地域や社会のニーズや課題を理解しつつ、自らの想いをカタチにするためのお手伝いをすることです。また、学生たちが活動を通じて地域や社会の課題に真摯に向き合い、自分にできることは何かを考え、次のステップへと進むプロセスをサポートすることも大切です。

　そのため、ボラセンでは、学生たちが自らの達成したい具体的な目標や、その活動がどのように地域や社会に貢献するのかを考える機会を提供しています。

　その一環として、ボランティア・まちづくり活動助成金があります。この助成金は、大学同窓会、上尾市社会福祉協議会赤い羽根共同募金の支援を受けて実施しており、本学の学生5名以上で結成されたグループがボランティアや社会貢献活動に取り組む際に支援するものです。助成金の申請では、活動の目的や期待される成果、そして自分たちの活動が「持続可能な開発目標（SDGs）」のどの目標に関連するかを示すことを求めています。そのため、申請のための説明会では、SDGsへの理解を深めるための講義を実施し、学生たちが自分たちの活動がSDGsにどのように寄与するのかを実感できるようサポートしています。

　学生たちが自らの活動がSDGsに貢献しているという意識を持つことで、活

助成金審査会において自分たちの活動とSDGsとのつながりを発表する学生

動の活性化だけではなく、グローバルな視点を持つ機会となり、自らが取り組む活動だけでなく、国内外の社会課題に対する理解と共感を持つことが期待されます。

　ボラセンでは今後も、学生たちが積極的にボランティア活動に取り組みながら、SDGsに貢献できるよう、SDGsに関する学びを取り入れたさまざまな機会を提供し続けていきます。

　　参考文献等
　・聖学院大学ボランティア活動支援センター編『共に育つ"学生×大学×地域"——人生に響くボランティアコーディネーション』聖学院大学出版会、2023年
　・ボランティア活動支援センター　〈https://www.seigakuin.jp/life/seig-volunteer/〉

第7章
ジェンダー×イメージ×SDGs
——視覚文化にジェンダーの視点を取り入れると何が見えてくるのか

　ジェンダーの平等とエンパワメントはSDGsのひとつである。この章ではジェンダーの概念と、絵画や広告、あるいは写真や動画などにみられる女性や男性のイメージが、どのように結びつき、互いに影響を与えてきたのかを分析する。具体的に取り上げる作品の多くは欧米の視覚文化の事例となるが、読者の皆さんが、日本の日常生活で実際に接する男女のイメージ——CMやドラマ、アニメ、ハリウッド映画、あるいは美術作品などに登場する女性や男性のイメージ——について考えるヒントになるようなトピックや論点を紹介していきたい。

1. ジェンダーについて考えてみよう

　本章の構成としてはまず最初にこの章全体のテーマであるジェンダーの概念を確認する。また、なぜジェンダーの規範は近代の欧米で、そして欧米の考え方を取り入れた近代以降の日本でも社会に普及したのか、そしてSDGsとどのように関連しているのかを考える。さらに、ジェンダー別の固定化された役割が表現されたイメージ、つまり、定型的な、典型的な女性のイメージ（ジェンダーについてのステレオタイプなイメージ）を、具体的に事例や作品——主に絵画や写真作品——を見ながら分析する。また同時に、そういったものを批判し、ステレオタイプなイメージとは異なる新しい女性像を提示するような作品を紹介する。最終的にこういったジェンダーとイメージの問題を考えることがなぜ重要なのかを、視点や内在化そして培養効果の観点から考察する。

第7章　ジェンダー×イメージ×SDGs

1.1　ジェンダーとは

　ジェンダーとは、ある特定の社会や文化において、慣習的に決められた「女らしさ」や「男らしさ」の定義や区分である。社会の価値観や道徳観に基づいて決められた性別に関する規範である。社会において人工的に作り上げられ、時代や場所によって異なる。よって、ある特定の国や共同体において「女らしい」と考えられている性質や行動が、別の時代や、あるいは異なる国や共同体においては、必ずしも「女らしい」とは認識されないこともある。

　近代の西欧社会は男性が実権をもつ社会であったため、男性が「女らしさ」を定義し、その定義を普及させた。さらに、その女性の定義と対照的な「優れた」存在として男性は自己を定義し、アイデンティティを確立させてきた。「男らしい男」とは、強靭な肉体をもち、精神的にも強く、知性や理性に基づいて主体的に行動し、社会で活躍し、時にリーダーシップを発揮し、英雄たりうる存在であるとされてきた。他方で、「女らしい女」とは男性に従順であり、男性の庇護を必要とするほどか弱く、知性に基づいて主体的に行動することができない受け身の存在であると考えられてきた。よって女性は、父親の命令に従う清純な「良き娘」であり、結婚後は育児や家事に専念し、家庭を守る「良き母」であり、また貞節を守り、夫をサポートする「良き妻」であるべきと考えられてきた。このような考え方に基づいて、固定化された性別分業が維持されてきたのである。

　注目すべきは、両者の対照的な性質は互いにそれ自身を映し出す鏡のような構造になっており、さらに両者間には不均衡な力関係があるということだ。つまり、男性は自分にはない性質を女性に見出し、女性を媒介として間接的に自己を定義する。こうして男性によって定義づけられた「女性」は**他者**として社会において位置づけられる。フランスの哲学者、シモーヌ・ド・ボーヴォワールは以下のように述べている。

　　女は男を基準にして規定され、区別されるが、女は男の基準にはならな

い。女は本質的なものに対する非本質的なものなのだ。男は〈主体〉であり、〈絶対者〉である。つまり女は〈他者〉なのだ。[1]

このように、女性は、男性とは「異質」な存在とされ、支配的な社会集団（欧米の場合、異性愛の白人男性の集団）とその規範から逸脱し、劣るもの、すなわち**他者**として社会において抑圧され、周縁化されてきた[2]。

1.2 ジェンダーと家父長制

女性を他者として扱い、男性による支配を維持していくためには、男性優位主義の社会制度が必要である。その際に用いられたのが、**家父長制**だった。家父長制とは、家族などの社会単位において、男性の長が、自分以外の者に対して権力をもち、支配する制度である。わかりやすい例としては、男系男子の家督相続がある。特に西欧近代の家父長制は、単に「男である」という生物学的理由によって、家族を支配する権利が男性に与えられてきた制度である。

この家父長制という男性優位の社会制度において、「女らしさ」は定義され、社会に定着していった。家父長制を維持し存続させるためには、子孫を安定的に増やし、その面倒をみる女性の存在が必要とされる。仮に女性が社会進出し、賃金労働をするために家庭の外に出るとなると、そういったことに困難が生じる。逆に、「女らしさ」を根拠に、女性に財産を与えず、家庭内に閉じ込め、育児と家事に専念させれば（そしてそれを賃金労働とみなさず「無償の愛によるもの」とすれば）、この制度は機能しやすい。よって「女らしさ」の定義を普及させ、女性の社会進出を阻むことは、家父長制の維持に好都合だったのである。

さらに、この家父長制による女性支配の構造は、産業資本主義の経済にとっても好都合だった。この経済体制において家庭は、市場に安定した労働人材を供給する機能をもっていた。男性の働き手が、健康を維持し、安定して継

続的に労働することによって生産は維持される。こうした男性労働者の労働の再生産を支える存在が必要とされ、それが家族内で、無償で、女性たちによって担われてきたのである[3]。

ちなみに日本では明治時代に、江戸時代までの家制度や儒教思想に加えて、この西欧近代の家父長制、とりわけフランス民法の家父長制を参照した民法が制定された。男系・夫権主義的思想が実際に法制化され、第二次世界大戦後に日本国憲法が成立するまで、家父長制が法的根拠をもつことになった[4]。

1.3 なぜジェンダーについて考える必要があるのか、ジェンダーという視点は何を明らかにするのか

ジェンダー平等は、人がみな、社会において自由に考え、発言し、行動し、自分以外の誰かに抑圧されることなく、その能力や才能を存分に発揮し、人間的な生活を送り、幸せになろうとする権利、すなわち**基本的人権**の一つである。ある人がもし、女だからという理由で、こういった基本的人権を奪われている状況にあるとすれば、それは人権侵害であり、**性差別**となる。例えば「女には無理だからあきらめなさい」、「女の子はバカなほうが可愛いから勉強はしなくていい」、「女なんだから、仕事なんかしないで、早く結婚して子どもを産んだほうがいい」といった言葉や考え方は、固定化されたジェンダーの考え方と、それに基づいた性別分業に基づいたものであり、言われた女性の基本的人権を侵害することになる。女性が自由に考え、行動し、その能力を存分に発揮する機会を奪うからである。こういった性差別に基づいた偏見や思い込みはジェンダー・バイアスと呼ばれる。ジェンダーについて考えることは、人権侵害や抑圧を可視化し、そういったものから女性が解放され、よりよい人生を探求することを助けることになる。それは究極的には、社会や共同体のメンバーが、性別を問わず、皆幸福を追求することができる状況の実現につながるのである。

1.4　ジェンダーとSDGs

　SDGsの目標5は「ジェンダー平等を達成し、すべての女性および女子の能力をのばすこと」("Achieve gender equality and empower all women and girls")である。国連は持続可能な開発を行うためには、経済成長、**社会的包摂**、環境保護の三要素が不可欠であるとしている[5]。ジェンダー平等や女性の能力の向上は、こういった目標を達成するために不可欠である。なぜか。性差別や人権侵害が減ることは、女性の幸福や基本的人権の尊重につながり、「誰ひとり取り残されない」社会の実現というSDGs全体の目標の達成につながるからである。また、女性が教育を通じて高度な技能や知識を得ることによって、結果的に労働人口の増加につながり、経済成長に貢献することにもなる。

2.　ジェンダーとその表現：女性のイメージ化

2.1　視覚表現の力学とステレオタイプ

　さて、ジェンダーや家父長制社会といった欧米社会の性差に関連する基本的概念を押さえたところで、この章の本題、ジェンダーのイメージ化の問題を考えていこう。ここでは、とりわけ、女性のイメージ化に焦点をあてる。男性のイメージ化にまつわる問題も、近年、研究が進みつつあり、重要な問題であることには違いない[6]。しかし、これまで、欧米の近代以降の主流の視覚文化においては、表現するのは男性であり、女性は表現される側という不均衡な構図が一般的であった。美術批評家のクレイグ・オーウェンズは表現における男性中心主義を以下のように説明している。

　　西欧の表象のシステムはたった一つの視点のみを承認してきた。それは

構築的な男性主体の視点である。より厳密にいうと、表象の主体は絶対的に優位な、均一的な、男性であると断定するのである。[7]

やや複雑な表現が使用されているので、少しかみ砕いて説明しよう。オーウェンズによれば、伝統的に、西欧の視覚芸術においては、男性の視点に基づいてあらゆるものがイメージ化されてきたということである。表現するのは男性（異性愛の）で、男性の欲望に基づいた**まなざし**が、いわば「上から目線」で女性をイメージ化してきたのである。さらに、このような男性目線のイメージが、制度化され、最終的に「女とはこういうもの」という固定化した女性のイメージ群が形成されてきたのである。それが「伝統的な女性像」と呼ばれるものである。

またマスメディアを支配するのもいまだに男性の場合が多く、固定化した、記号的な女性のイメージは近代以降、マスメディアによって普及し、「自然」で「リアル」な女性のイメージとして定着してきた。そして女性たち自身もまた、男性によって与えられたイメージを、「リアルな自己像」としてしばしば受け入れてきたのである。

こうした近・現代の視覚表現におけるジェンダーの権力勾配や偏りを可視化し、その視覚文化全体への影響を考察しようとすると、「伝統的」で、「自然」な女性のイメージを分析することがより効果的であるように思われる。女性についての、男性によって作り上げられたイメージを客観的に分析することによって、男性による表現の領域の支配構造をより鮮明に可視化することができるからだ。男性によって描かれた女性像に着目すると、何をもって差異とし、その性差がどのように表現されているのか、女性という男性にとって「異質」で「特殊」な存在の性質が、男性という「中心」や「基準軸」と、どのように、どれくらい隔たっていると考えられていたのかを測定しやすいからだ。他者としての「女」のイメージは逆に、最終的には、何が「普遍的」とされ、それが男性性と同義語であったことを明らかにすることになる。

ところで、男性中心主義のジェンダー観に基づいて作り上げられた、固定

した女性のイメージは、**ステレオタイプ**な女性のイメージと呼ばれる。ステレオタイプとは何か。簡潔に言うと「定型表現」である。本来は活版印刷の原版を意味したが、20世紀の初頭、アメリカのジャーナリストでメディア評論家であったウォルター・リップマンによって、典型的な、ありふれた固定概念を指し示すものとして使用され、現在もその意味で用いられている。

ステレオタイプには2つの種類がある。一つは理想化・美化するステレオタイプである。もう一つは侮蔑的で、差別的表現につながるものである。人物（外見など）に用いられる場合もあれば、事象（「国民性」など）に使用される場合もある。

ステレオタイプはなぜ生まれるのだろうか。リップマンによれば、自分たちと異なるもの、見知らぬ者、異文化に属する人々やその文化を効率的に認識し、認識を容易にしてくれるからである。さらには、そういった見知らぬ者や出来事がもたらすと考えられる脅威や不安から自分たちを防御し、自己の優位性を保全してくれるからである[8]。

ステレオタイプはどのように普及するのだろうか。それは多くの場合、視覚的メディア、すなわち、雑誌や新聞、そこに掲載された戯画や広告、映画、テレビ、インターネットといったマスメディアによって広く流通していく。よってこういったマスメディアを支配する男性の為政者や大企業の、あるいは支配的人種集団の価値観や意向によってコントロールされるということである。

「女」についてのステレオタイプなイメージは、一般的に、2つに分類される。まずは、女性を聖女のように、美化し、理想化するもの。もう一つは、女性を貶め、「悪女」として表現するものである。前者の女性像は、具体的には、「従順」、「受け身」、「純粋」、「家庭的」、「貞淑」、「か弱く、庇護を必要とする」、「子どもっぽい」、「自然や動物と親和性がある」といった特徴を伴って描かれる。後者に関しては、社会規範から逸脱した魔女や、逸脱をあおる扇動者、あるいは娼婦や多淫な女、そして男をたぶらかし、「不品行」へと導く堕落した存在として表現される。

第 7 章　ジェンダー×イメージ× SDGs

2.2　美術における固定化されたジェンダーの役割とそのイメージ化

　ここで実際に、美術作品の例をあげ、ジェンダーとその表現について考えてみよう。取り上げるのは、18世紀後半から19世紀前半に活躍したフランスの画家、ジャック=ルイ・ダヴィッドによる《ホラティウス兄弟の誓い》(1784年）という作品である（図1）。ダヴィッドはその多数の歴史画で名を馳せ、皇帝ナポレオン・ボナパルトの庇護を受け主席画家としての地位を獲得した、フランス新古典主義を代表する画家である。

　この作品は、古代ローマの歴史上の伝説を題材にし、建国当初のローマの戦士、ホラティウス家の三兄弟が、今まさに、敵国であるアルバの三兄弟との戦いに出発しようとする場面を描いたものである。画面中央から左にかけて、ローマ式敬礼をもって、父に祖国への忠誠を誓う三兄弟の姿が描かれている。一方で、画面右側には、サビナ（アルバの兄弟の姉妹。ホラティウス兄弟の一人に嫁いだ）、カミラ（ホラティウス兄弟の姉妹でアルバの兄弟の一人と婚約中）とその母（あるいはサビナの子の乳母とも考えられる）が、三兄弟の出征を嘆き悲しむ姿が見られる。

　この作品には、ジェンダーの差異が表現されている。戦いに赴かんとし、力強くポーズをとる、勇ましい筋骨隆々の兄弟兵士たちと、その誓いを受け止める強靭な身体をもつ父が画面中央から左に大きく描かれている。彼らの「男らしい」身体は直線によって構成されている。対照的に、画面右端には、婚約者や夫の身の安全を思い悲嘆にくれる姉妹と、残された子どもたちを優しくケアする女性の身体が、柔らかな曲線の輪郭によって描出されている。

図1　ジャック=ルイ・ダヴィッド
《ホラティウス兄弟の誓い》1784年
（ルーヴル美術館所蔵）

2. ジェンダーとその表現：女性のイメージ化

　相違点は身体の造形表現にとどまらない。ローマのために「私情」を捨て、大義のため、死の恐怖を乗り越え、「理性的」思考に基づいて戦いに赴く男性と、戦いの意義を十分に理解せず、ひたすら悲しみにくれる「感情的」な女性たちという、ジェンダーに結びつけられた性格上の差異、つまり「男性は理知的」、「女性は感情的」という差異——もちろんこれはステレオタイプではあるが——もまたここでは表現されているのだ。

　ここに描かれた男性像と女性像の対比や違いは何を意味しているのだろうか。先に述べたように、一つは画家ダヴィッドの解釈したジェンダーの相違であり、さらにはホラティウス兄弟のような「英雄」を歓呼し迎えた、ダヴィッドの同時代の西欧近代の価値観である。それは、ヨーロッパ近代美術史の専門家である鈴木杜幾子によれば、ダヴィッドの生きた時代の啓蒙主義に基づいたジェンダー観であり、男女の固定した役割分担を推奨する二分法的な考え方である[9]。

　一方で、こういった固定化した役割、つまりジェンダー別の「ロール」の存在に着目し批判的に検証しているのが、現代の女性アーティスト、シンディ・シャーマンである。シャーマンは何らかの役割やキャラクターに扮装した自身のイメージを写真に撮り続けることによって、現実世界の歪みを示唆している。ステレオタイプな「女」のイメージを演じ、それを撮影することによって——そしてあえてやぼったい、あか抜けない作品に仕上げることによって——シャーマンは女が異性愛の男性の性的欲望の対象としてイメージ化されることを示している。さらには、女が男性の性的視線を受け止め、内面に取り入れることによって自らのアイデンティティを形成していくような文化の状況を客観的にみつめている。

　シャーマンはピンナップ・ガールのシリーズでは、アルフレッド・ヒッチコックといったハリウッドの「巨匠」による映画の一シーンや、ありふれたピンナップ写真、あるいは広告のイメージに登場するような、アメリカの大衆文化に氾濫する記号的な女性像に扮する（図2）。こういった作品はセルフポートレイトともいえるが、シャーマン本人は一切姿を現さない。何らかの役柄、

第7章　ジェンダー×イメージ× SDGs

ロールとして姿を現すのみである。シャーマンは、「女らしさのステレオタイプ」から女性たちが逃れることは可能なのだろうかと問いかける[10]。

　シャーマンが扮装するのは、多くの人々の想像や記憶のうちに共有された類型的な記号としての女性のイメージなのである。シャーマンが一連のセルフポートレイトで示そうとしたのは、女のイメージやアイデンティティは「自然に」形成されるのではなく、男性優位主義の社会の要請に応答して形成されていくのであって、社会から与えられた台本の役を女性たちは演じているということだ。しかし時に女たちは与えられたキャラクターを演じることに、ふと疑問を抱くこともある。

> 作品のなかにあるものはすべて、私がこの文化のなかで女として見てきたものから生まれてきたものです。そういったものの一部は、愛憎一体の関係だと言えます。たとえばお化粧や魅惑的なことがらに夢中になりながらも、同時にそれを憎むというような心理。好ましい、あるいはできるかぎりセクシーで美しい女性に装おうとしながら、同時に、そういったことに価値を見いだす構造に捕らわれた、囚人のような感じがするという経験からきたものです。男性ならこういった事柄を、自身の問題としては決して考えられないでしょう。[11]

　シャーマンは性差に基づいて固定化されたジェンダーの役割と、その役割への疑問、それによってもたらされるアイデンティティの揺らぎを、作品を通じて批判的に考察しているのだ。

図2　シンディ・シャーマン
《アンタイトルド・フィルム・スチール#21》
1978年（ニューヨーク近代美術館所蔵）

148

3. 芸術制作における固定化されたジェンダーの役割

　男女の差異と固定化された役割分担という観点から、さらに、芸術制作について考えてみよう。西洋美術の歴史においては、近代に至るまで、画家や彫刻家は基本的には男性の職業であった。いくつかの例外はあるものの、一般的に20世紀前半までは、女性がプロの画家や彫刻家として生計を立てることには多くの困難があった。まず、芸術家となるには、美術学校で訓練を受ける必要があったが、そもそも19世紀の半ばまで、公立の名門美術学校に女性は入学を許可されなかった。フランスの国立美術学校に女子が入学を許可されたのは1897年のことだった。また画家の登竜門であるローマ賞にも応募することができなかった。イギリスの場合は、王立アカデミーの会員の創立メンバー35人のうち、女性画家は2人のみだった。彼女たちは、いずれも父親が画家であり、美術界にネットワークを有していたために、メンバーに選出されたと考えられる。その後20世紀に入るまで、王立アカデミーのメンバーに女性が選ばれることはなかった[12]。

　さらに、美術学校に入学できたとしても、女性の画学生には「ヌードの壁」が立ちはだかった。西洋画の伝統においては、ヌードモデルのデッサンは「偉大な」画家になるための訓練として必須だった。というのも、ヌードの人物像は、絵画のジャンルにおいて最上位に位置づけられた歴史画やその下の肖像画には不可欠な要素だったからである。しかしながら19世紀を通じて、性道徳上、生身のヌードモデル（女性、男性問わず）を前にして、女性の画家が作品を制作することは許されなかった。つまり、画家志望の女学生は、「女性である」ことを理由に、一人前の立派な画家になるための要件を満たすことができなかった。西欧近代美術の制度そのものに、構造的性差別が埋め込まれていたといえるだろう。

　ヌードということに関して、女性に唯一許されたのは、ヌードモデルとして作品の中に登場することだけであった。あくまでも「見られる」対象とし

第 7 章　ジェンダー×イメージ× SDGs

て、そして「描かれる」対象として、女性は西洋美術において位置づけられてきたのだ。一方で男性は作品制作の主体であり、描き、「創造」する側だった[13]。

　この非対称性を明確に示す作品例としてギュスターヴ・クールベの《画家のアトリエ》（1855年）があげられる（図3）。正式には《画家のアトリエ　私の芸術家としての7年の生活の一局面を定義する現実的寓意画》と題されたこの作品は、1855年にパリで開催された第2回万国博覧会に出展するために制作されたもので、画家自身の姿を含んだ集団肖像画である。縦約3.5×横6メートルの巨大なこの作品の中央には、風景画らしきものを制作しているクールベ自身が描かれている。そしてこの画中画を境目にして、向かって右側には、クールベの友人や美術愛好家たちが登場し、一方で左側には司祭、猟師、道化師、葬儀屋、ユダヤ人、アイルランドの女といった人々が描かれている。

　この作品が「寓意画」と題されていることから、この作品の意味については多様な解釈や議論がなされてきた。美術史家の高階秀爾によれば、貧困の寓意であるアイルランドの女（画面中央のキャンバスの左下に描かれている）、社会の腐敗を示す聖職者やユダヤ人商人、そして当時クールベが傾倒していた社会主義思想を示す人物としてのプルードンといったモチーフが描かれていることから、ここには19世紀ヨーロッパが抱える多様な社会問題や革新主義思想を含めた、クールベの同時代の社会が主題として表現されているとのことである[14]。

　さらにここでジェンダーの視点を取り入れ、男女の差異や固定化した役割

図3　ギュスターヴ・クールベ
《画家のアトリエ》1855年
（オルセー美術館所蔵）

3. 芸術制作における固定化されたジェンダーの役割

と芸術という問題からこの作品の意味について考えてみたい。先述したように、社会規範や性道徳から、女性画家はヌードの描写を禁じられていた。そしてもし女性がヌードに関わることを許されたとしたら、それはヌードモデルとしてアトリエに存在するか、あるいは作品上でヌード画のモチーフとして登場するかのどちらかだった。クールベの《画家のアトリエ》の中央には、故郷の風景を描く画家クールベ自身と、そのモデルとなっている裸体の女性が描かれている。ここに示されているのは、偉大な芸術を創造するのは男性、そして女性はその題材に、つまり描かれる対象にしかなれないという固定化した性別分業である。このヌードモデル以外にも女性は登場する。まずは画面右側にクールベを支援する美術愛好家が、さらには画中画の左下の乳飲み子を抱えたアイルランドの女が描かれている。ここから示唆されるのは、やはり、女性は主体的に何かを生み出す人物としてではなく、「サポート」や「ケア」という受動的な役割を果たすものとして表現されているということである。先述した高階の解釈にしたがえば、この作品はクールベの生きた現実や社会を描いたものである。そうすると、まさにここには、19世紀ヨーロッパ社会のジェンダーについてのクールベの、そしてクールベの同時代の認識が明らかにされていることになる。

こういった美術制作や制度における不均衡な男女の関係性は、20世紀後半まで続いた。それは美術館の収蔵作品の作者の男女比によっても明らかにされている。調査研究によれば、現代に至るまで、欧米の主要美術館にコレクションされている作品の多くは、男性の芸術家によるものとなっている[15]。これは、美術大学が女子にも門戸を開くようになった現代においても、女性が高い評価を得て、アーティストとして大成するのは相変わらず難しいということを示している。そしてその原因は美術界における評価の偏りである。

図4　ゲリラ・ガールズ
　　《メトロポリタン美術館に入るには、
　　女は裸にならなければならいのか》1989年

第7章　ジェンダー×イメージ× SDGs

一般的に男性の作家の作品がより高い評価を得やすい状況があり、そのため、美術館が購入し、常設コレクションとして収蔵される作品の大半が男性の芸術家によるものとなってきたのである。あるいはまた、そういった評価と連動する形で、美術市場では、男性アーティストと女性アーティストの作品の価格差も大きく、男性アーティストの作品のほうがより高値で取り引きされる傾向にある[16]。こういった要因が積み重なり、女性がアーティストとして生計を立てることには困難が伴ってきたのである。

　こういった美術界における構造的性差別を真正面から批判した作品も登場した。ニューヨークのギャラリー街で1980年代に活動を開始したアーティスト・コレクティブのゲリラ・ガールズは、美術界におけるジェンダーの不均衡を作品において糾弾した。そのきっかけは、1984年にニューヨーク近代美術館で開催された「国際現代絵画・彫刻」展だった。この展覧会の女性作家の比率はわずか7％にすぎず、この展示作家のジェンダーの偏向に憤慨した女性のアーティストたちが、美術館の周囲で抗議活動を繰り広げたのである。これに刺激を受けたゲリラ・ガールズはポスターを制作した。そのポスターには、ゴリラのマスクをかぶったヌードの女性が登場し、「女がメトロポリタン美術館に入るには、裸にならなければならないのか」というテキストが添えられた（図4）。実際にメンバーがメトロポリタン美術館の近代部門を調査したところ、女性のアーティストの作品は全体の5％以下で、一方、ヌード画の85％は女性の裸体像が占めていたという[17]。

4. 視点の問題とステレオタイプ

4.1　視点と男性的価値観

　これまでジェンダーのイメージ化について、固定化された性別分業、制作環境や評価における男性優位主義といった観点から考えてきた。ここからは、

4. 視点の問題とステレオタイプ

ジェンダーのイメージ化の核心にある視点や視線の問題について考察していきたい。まずはじめに、いわゆる「炎上」作品のイメージを取り上げ、表現の領域における主体の問題についてより詳しく論じていく。

現代の視覚文化のひとつの動向として、SNSなどにおける「炎上」があげられる。アート作品や広告の女性描写をめぐって賛否の声が上がり、時にSNS上で大騒動が起きる。「気にしすぎ」、「言いがかり」という声もあるが、中にはとても興味深い事例もある。というのも「炎上」の理由を探ると、現在の視覚文化におけるジェンダーのイメージ化のあり方や、さらには表現の主導権を誰が握ってきて、それが時代とともにどのように変化しつつあるのかを可視化してくれるからだ。

例えば、日本の事例を取り上げると、「うなぎのうな子」の炎上事件がそれにあたる。日本の某自治体が名産品のうなぎのかば焼きをプロモーションするために制作したCM動画があったが、これが2016年にネット上で公開されると大炎上した。その理由は、ジェンダーについてのステレオタイプな表現が多々みられたからである。CM全体の設定は、スクール水着の若い女性をうなぎに見立て、その女性を水槽（学校のプールと思われる）で飼育する主人公、「僕」がいかにこの「女性≒うなぎ」を大切に育ててきたかを語るストーリー仕立てのものになっていた。

女性を動物と結びつけ、そのはかなげな「かよわい」女性を男性の「僕」が庇護し、支配する。ただし「僕」は画面には登場せず、声のみでその存在が示唆される。「僕」は正体を知られずに、あたかも「うな子」をのぞき見ているかのような設定である。男が圧倒的力をもち、女が「庇護される」という典型的なストーリー設定のみならず、見るのは男性で、女性は見られる存在という視線の構造についてもステレオタイプな表現が踏襲された作品だった。

「視覚文化が誰の視点に基づいて構築されているのか」という文化を理解するうえで重要な問題をこの炎上事件は問いかけてくる。多くの事例からわかることは、先述したオーウェンズの指摘にもあるように、西欧近代の文化

(それに影響を受けた日本文化も含めて)では、圧倒的に異性愛の白人男性の視点や価値観に多くの力が与えられてきたということである。さらに美術評論家のジョン・バージャーは、西欧の視覚文化の歴史においては伝統的に「男は行動し、女は見られる。男は女を見る。女は見られている自分自身を見る……彼女は自分自身を対象に転化させる。それも視覚の対象にである」と述べ視線の非対称性を指摘した[18]。例外もあるものの、男性は事象や事物を見て、意味づける主体であり、一方で女性は見られる受動的な存在であり、男性中心主義の価値観によって意味づけされる客体――決して主体ではない――であるという構図が視覚文化の基本的構造であり続けてきたのだ。

映画批評家のローラ・マルヴィは、文化の主導権を握り、価値を決定するのは異性愛の男性であることを、映画作品の男性主人公の視点と、カメラの視点の一致という観点から説明した。映画製作においては、これまで多くの場合、白人の異性愛の男性が主人公となり、そして映画の物語世界はその男性主人公の視点から眺められるように作品の構造が設定されてきた。それを可能にするのが、カメラの視点と、男性主人公の視線を一致させるカメラワークである。そして観客はその男性主人公の視点に自己の視点を重ね合わせ、物語世界に没入する。そして時に、場面をのぞき見るような視線の設定によって、性的な視線を女性の登場人物に向けることになる[19]。女性の身体は性的欲望の対象として客体化される。

マルヴィのこの議論では、女性の観客に何が起こるのかという問題は明確に論じられていない。しかしこの議論を展開させると、女性の観客であっても、男性の視点によって構築された世界に自己を適応させ、場合によっては、男性的価値観を内在化することもありうる、ということになる。例えば、女性の観客が、映画に描かれた、男性が好みそうな女性像に自己を同一化させ、現実の世界においてもそれが女性のあるべき姿なのだと無意識のうちに自分自身の内面に刷り込んでいくこともありうるのだ。

ところで筆者は「うなぎのうな子」の動画を、ここ数年間、異なる大学の複数の講義で履修者に見せ、感想を求めてきた。ジェンダーとその表現につ

いての予備知識がない段階でこの動画を見せると、「この動画には何も問題がない」と言う女子学生も多数存在した。ここからわかることは、男性の視点に基づいた視の構造が普遍的なものとされ、女性であってもそれを無意識のうちに内在化することが実際にありうるということだろう。

4.2 視線の構造についての作品

こういったジェンダーにおける不均衡な視点の問題は、近代以降の美術作品においてもときおり言及されてきた。19世紀後半にフランス印象派の活動に参加したアメリカの女性画家、メアリー・カサットのオペラ鑑賞を主題にした作品はその好例である。カサットは、《ボックス席の女》（1878/79年）や《ボックス席の女たち》（1881/82年）といった作品において、中産階級の女性たちがパリのオペラ座で観劇する様子を描いたのだが、特筆すべきは、鏡のイメージを用いて、劇場空間に交錯する複雑な視線のやりとりをとらえていることである。カサットは、劇場に集った、美しく着飾った女性たちと、座席の背後にある鏡像を描き、観劇に来た女性客を品定めするかのように見る男性客の性的な**まなざし**を鏡像に描き込んだ。

さらにカサットは、《コメディー・フランセーズにて、スケッチ》（1877/78年）（図5）において、伝統的な視線の構造に変更を加えている。ここでは、画面手前に、黒いドレスをきた女性の観客がオペラグラスを手に舞台を熱心に鑑賞する様子が大きく描かれ、そして画面左奥にはその女性をオペラグラ

図5　メアリー・カサット
　　《コメディー・フランセーズにて、スケッチ》
　　1877/78年（ボストン美術館所蔵）

第7章　ジェンダー×イメージ× SDGs

スで無遠慮に「盗み見る」男性が描かれている。さらには、鑑賞者はこの男の視線と対峙することになり、自らの黒衣の女への視線に気づかされる。この男は鑑賞者にとって鏡像の役割を果たしているのだ。「男が見て、女は見られる」という非対称な視線の構造自体が可視化されている。さらに注目すべきは、カサットが黒衣の女をまなざしの主体として描いていることである。この女性は、画面左奥のオペラグラスで女を見つめる男性の視線に応じることなく、自らオペラグラスを手にして、舞台を見ているのである。つまり非対称な視の構図が部分的に書き換えられているといえるだろう。

　カサットの黒衣の女が見る主体として描かれていることは、ピエール=オーギュスト・ルノワールの《桟敷席》（1874年）の女と比較すると明らかである（図6）。ルノワールの作品において、中央に大きく描かれた美しく着飾った女は正面を向き、鑑賞者と視線を合わせている。そして画面右奥に描かれた女の連れの男はオペラグラスで他の桟敷席を見上げ、そこにいると思われ

図6　ピエール=オーギュスト・ルノワール
　　　《桟敷席》1874年
　　　（コートールド・ギャラリー所蔵）

図7　バーバラ・クルーガー
　　　《無題（あなたのまなざしが私の横顔を攻撃する）》
　　　1981年（グレンストーン美術館所蔵）

る女たちの様子をのぞき見て、品定めしているかのようである。女性が「見られる」存在であり、男性は「見る」主体であるという慣習的な視の構図がここではそのまま踏襲されている。

現代の女性アーティスト、バーバラ・クルーガーは、このような女性に向けられる抑圧的な視線をあえて浮かび上がらせる。《無題（あなたのまなざしが私の横顔を攻撃する》（1981年）においてクルーガーは、女が常に周囲の視線に支配される存在であるという問題を、イメージとテキストの組み合わせによって鋭く告発する。（図7）横顔を見せる女の彫像は、自分に視線を向ける相手を見つめ返すことはない。ここで彫像の女性は、一方的に「見られる」存在として、自分に向けられる無遠慮なまなざしを受け止め、男性から評価されるまなざしを内在化し、自己のアイデンティティを形成するしかないのだ。

カサットやクルーガーの作品にみられたように、「見ることに」関する男性優位の状況に疑問を呈するような作品は少数だが存在してきた。では、こういった表現の世界での男女の不均衡な関係や視点の偏りという問題を考えることはなぜ重要なのだろうか。

5. なぜ視覚文化にジェンダーの視点を取り入れることが重要なのか

5.1 イメージの差異に着目し、分析することの意味

絵画や広告などのイメージに触れたとき、鑑賞者が行っていることは、1）何らかの意味やメッセージを読み取ろうとすること、2）表現そのものに着目することの2つに分けられるだろう。1）と2）はそれぞれ独立して行われることもあれば、しばしば相互に補い合いながら、同時に行われることもある。2）のように表現形式に着目することは、場合によっては専門的知識を必要とするため、後回しになるかもしれないが、一方で作品の意味や主題

第 7 章　ジェンダー×イメージ× SDGs

を読み取ろうとすることは誰しもが行うことであろう。絵画や写真、あるいは商品を宣伝するイメージとテキストが組み合わされた広告のポスターといったものに接すると、多くの場合、作品を観る者は「一体その作品全体が何を意味しているのか、そこにはどんなメッセージや物語があるのか」を考えようとする。

こうした意味内容の探求は、しばしば、複数のイメージ同士を比較し、その差異と関連性に着目することによって行われる。ではジェンダーとその差異（性差）という視点を導入することは、作品の解釈にどのような影響を与えるのだろうか。

まず差異は意味を生み出すために必要なものである。カルチュラル・スタディーズの理論家であるスチュアート・ホールは、ソシュールの言語学の理論を援用しながら、「意味は正反対のものとのあいだの違いによって決まる」と述べる。ホールは、ある単語の意味が、その対義語によって定義されうるように──「黒」と「白」がその例である──イメージの意味もまた、対になるものとの違いによって生み出されると考えた。さらにホールは、ロシアの記号論者バフチンの理論に依拠しながら、我々は「他者」との対話を通じてのみ意味を生み出すことができるとも指摘している[20]。例えば、人は自分と違う誰か──わかりやすい言葉で言うと、他人や外国人だろうか──との接触や対話を通じて、自分を定義することができるのである。

そして性差もまた、異性やそのイメージとの接触において認識される。つまり、差異の認識によって、「男性」や「女性」というものは定義され、区別されうる。「男性」や「男らしさ」は、「女性」や「女らしさ」と対比されることによって、より明確に定義されうる。「女らしさ」は、男性の言動やそのイメージとの比較対照によって、浮き彫りにされる。

よって、男女それぞれの描かれ方、そしてその相違点に着目することによって、その作品が制作された時代や社会におけるジェンダーについての考え方や状況が見えてくる。では、その考え方や状況とは具体的には誰の考え方で、いつの社会の状況なのだろうか。それは端的に言えば、制作者やその同時代

の人々の、である。

　作品はどこからともなくこの世に生まれてくるものではない。作品を生み出す制作者がそこには必ず存在する。そしてその制作者はある特定の時代の社会や文化、そして場所に生きている（生きていた）。よって、制作者が属する社会や文化の出来事や、その多様な問題——それが政治的なものであれ、経済的なものであれ、あるいは科学の進歩などに関連するものであれ——に対する反応や、作者なりの解釈といったものが、程度の差はあるが、作品には表れているといえるだろう。特に社会的問題を主題として扱っている場合は、それが顕著である。また、その作品に対する同時代の批評家の評価や一般の鑑賞者の感想もまた、そういった時代の情勢や動向に多少なりとも影響されたものである。

　こういった制作者、作品、鑑賞者の関係性を踏まえ、ここにジェンダーという視点を導入することによって何が見えてくるのだろうか。それは、作品が制作された同時代の社会や文化におけるジェンダーについての認識やそれについての問題である。

　ただし、作品は同時代の社会をそっくりそのまま直截（ちょくせつ）に反映したものではない。作品に表現されているのは、制作者自身の同時代の社会のジェンダーの認識やそれにまつわる問題に対する考え方や解釈である。その意味において、作品はいわば歪んだ鏡のようなものである。美術批評家グリゼルダ・ポロックは単純な反映論を批判し、以下のように述べている。

> われわれは、芸術が社会的生産の一部分をなすということだけを把握すればよいのではなく、芸術そのものが生産すること、つまりさまざまな意味を生産するということを認識しなければならない。芸術はイデオロギーの構成要素であって、単にイデオロギーを説明する挿し絵ではない。それはひとつの社会的な行為であって、それをとおしてわれわれが生きていくに必要なある世界観や定義づけ、アイデンティティがうち立てられ、再生産され、再定義されたりもする。[21]

第7章　ジェンダー×イメージ× SDGs

　ポロックが指摘するように、芸術は社会的行為であり、意味を生産し、視覚文化全体におけるジェンダーの定義づけや、価値の再生産に関わるものであるとすれば、ある制作者の意図や解釈に基づいて生み出されたイメージ（群）は現実の世界に実際に影響を与える。より正確に言えば、ある特定の人物や集団によって作り出されたイメージが現実世界の認識やその枠組みを作り上げるため、表現されたジェンダーの差異に着目することは重要なのである。

　インターネット、テレビ、新聞、雑誌といったマスメディアに現れるイメージや物語は、一見すると現実の世界の忠実な反映そのものであるかのように思われる。しかし、こういったメディアのイメージやストーリーには作り手がいる。そして多くの場合、その制作者に制作資金を提供する人々や集団、あるいは企業が存在する。つまり、さまざまな関係者の意図や意向に基づいて、マスメディアに流通するイメージは作られているのだ。その意味においてあらゆるイメージは政治的であるといえる。

5.2　イメージとその培養効果

　イメージが現実を作り上げるという逆説的現象は、より実証的な研究領域においても解明されつつある。1970年代以降、欧米のメディア・スタディーズや社会心理学の分野においては、テレビドラマや映画作品を繰り返し視聴すると、その物語世界や、その基盤となっている価値観が視聴者の現実認識に多大な影響を与えるという現象が考察されてきた。その現象は**培養効果**と呼ばれ、テレビドラマやテレビCMの内容の視聴者への心理的影響が分析された。結果としてテレビの視聴者が、視聴時間が長くなればなるほど、テレビで描かれた世界を現実として認識し、そのフィクションの世界の価値観を肯定するする割合が高くなることが実証された[22]。

　さらに、ここにジェンダーの視点を導入すると何が見えてくるだろうか。男性目線の、ジェンダーの役割や性差についてのステレオタイプなイメージが、ひとたびメディアで流通し始めると、それがあたかも「現実」であるかのよ

うに受け止められる可能性があるということだ。制作者とメディアが作る世界が、あたかも現実世界の忠実な反映であるかのように受け止められ、そういったイメージに潜在する男性中心主義の価値観があたかも「普遍的真実」であるかのようにふるまい始める。

　このような培養効果を考えると、実際に欧米の、そして日本のマスメディアが男性の視点から、男性中心主義の価値観に基づいた女性像を提供し続けてきたとすれば、その問題は明らかである。女性の多様な生き方や価値観、考え方は否定され、男性目線の女性観が「現実」として認識され、肯定される。女性もどこかで違和感を抱きながらそれを内在化する。身近な例としては、美容整形や化粧品、あるいは痩身薬のCMがある。その培養効果は、多くの場合、女性は男性が好むような、実際にはありえないような「理想の」体形や顔にならなければならない、そうしないと男から「選んでもらえない」、それが「現実だ」というものだ。こういった広告は「男に選んでもらう」以外の女性の人生の選択肢──それは現実の世界で十分にありうる──を見えにくくし、商品の購買意欲を刺激しながら、呪詛のように広告のターゲットである女性に執拗に絡みつく。現代の培養効果は多くの場合、産業資本主義の価値観と結託し、実に厄介なものとなっている。

6. おわりに

　視覚性優位の、映像にあふれた現代において、偶然出会った、何気ない、身近なイメージは、それが生み出された社会や文化、時代と密接な関わりをもち、われわれの生や性に働きかけてくる。それはしばしば、ジェンダーについてのある特定の考え方へと見る者を誘導する。

　視覚文化にジェンダーの視点を取り入れると何が見えてくるのか。それは近代以降の欧米の視覚文化においては、権力の勾配が、不均衡な表現の力学を生じさせ、その結果作られた典型的な女のイメージが、現実世界における

第 7 章　ジェンダー×イメージ× SDGs

ジェンダーの認識を歪め、女がリアルな自己像を探求しようとすると、それを阻害してきたということである。男性の視線によって作られた、ジェンダー・バイアスがかかった、ステレオタイプな女性のイメージは、マスメディアによって普及し、そして培養効果によって、女性の内面にも影響を与えてきた。その意味において、フィクションであったとしても、性別とその差異のイメージ化の問題は注意深く議論されるべきものである。

　忘れてはならないのは、身近なイメージや映像表現は決して「自然なもの」ではないということだ。その制作者の考え方や価値観が表現された、作り物、虚構なのである。そして、制作者はある特定の時代、ある特定の地域の社会や文化を生き、その社会や文化に普及していた考え方や価値観に、程度の差はあれ、それを肯定するにせよ、否定するにせよ、影響されている。それゆえ、映像表現や絵画作品などをジェンダーの視点を導入して分析することは、そのイメージの制作者が、同時代のジェンダー観や、それに基づいた慣習や規範をどのように解釈していたのかを明らかにする。そしてこういったイメージの蓄積が、意味や価値観、もっと言えば現実世界の認識を形成することに関与しているがゆえに、「たかがイメージ」と軽視することはできないのである。

　これまで議論してきたことは、例外を除いた一般論である。読者の皆さんが遭遇したイメージや動画作品では、ジェンダーはどのように表現されていただろうか。それは典型的なものか、例外的なものか。あるいはジェンダーの規範を補強するようなものか、それとも逸脱し挑発するものか。ぜひ考えてみてほしい。

注

*　参照する図版の原題は下記のとおり。
図 1：Jacques-Louis David, *Le serment des Horaces*, 1784（ルーヴル美術館）
図 2：Cindy Sherman, *Untitled Film Still #21*, 1978（ニューヨーク近代美術館）
図 3：Gustave Courbet, *L'Atelier du peintre*, 1855（オルセー美術館）
図 4：Guerrilla Girls, *Do Women Have To Be Naked To Get Into the Met. Museum?*,

1989
図5：Mary Cassatt, *At the Francais, a Sketch*, 1877/78（ボストン美術館）
図6：Pierre-Auguste Renoir, *La Loge*, 1874（コートールド・ギャラリー）
図7：Barbara Kruger, *Untitled (Your gaze hits the side of my face)*, 1981（グレンストーン美術館）

1) S・ド・ボーヴォワール『決定版　第二の性　Ⅰ事実と神話』『第二の性』を原文で読みなおす会訳、河出書房新社、2023年、17頁。
2) 「他者」という言葉や概念は、ポスト・コロニアリズム研究などの他の学問分野においても使用されてきたが、ここではジェンダー研究の文脈で用いる。しかしながら、権力をもつものによって、異質な、劣位のものとして位置づけられ、社会の周縁に追いやられた者という定義は共通している。ジェンダー研究に関連するキーワードについては、以下などを参照にするとよい。ジェイン・ピルチャー、イメルダ・ウィラハン『キーコンセプト　ジェンダー・スタディーズ』片山亜紀訳者代表、金井淑子解説、新曜社、2009年。
3) 家父長制による性支配と資本主義経済の「共犯」関係については以下を特に参照した。上野千鶴子『家父長制と資本制——マルクス主義フェミニズムの地平』岩波書店、2009年。
4) 三成美保編『ジェンダーの比較法史学——近代法秩序の再検討』大阪大学出版会、2006年。
5) ユニセフ「SDGsの考え方」〈https://www.unicef.or.jp/sdgs/concept.html〉（2024.8.30アクセス確認）。
6) 例えば以下のようなものがある。神奈川大学人文学研究所編、熊谷謙介編著『男性性を可視化する——〈男らしさ〉の表象分析』青弓社、2020年。
7) Craig Owens, "The Discourse of Others: Feminists and Postmodernism," Hal Foster ed., *The Anti-Aesthetic: Essays on Postmodern Culture* (New York: The New Press, 1998), p. 58.
8) W. リップマン『世論』（上・下）、掛川トミ子訳、岩波書店、1987年。
9) 鈴木杜幾子「ジャック=ルイ・ダヴィッドの女性観」、同編著『西洋美術：作家・表象・研究——ジェンダー論の視座から』ブリュッケ、2017年、289-290頁。
10) シャーマンの作品には時折、鏡像が登場する。鏡像とは自分以外の周囲が自分をどのように見ているかが確認できるものであり、いわば社会における自己像を示唆する。そのような社会によって与えられた自分のイメージを作品の中に取り入れることによっても、シャーマンは女性のアイデンティティ形成の問題を問い続ける。詳細は以下の拙論の議論を参照。江崎聡子「鏡像試論——描かれた鏡とうつしだされた女たち」『立教大学ジェンダーフォーラム年報』20号、2018年、77-90頁。
11) 『CINDY SHERMAN』（シンディ・シャーマン展図録）、朝日新聞社、1996年、158頁。

12) 近代欧米の女性の美術教育史に関しては以下に詳しい。ロジカ・パーカー、グリゼルダ・ポロック『女・アート・イデオロギー——フェミニストが読み直す芸術表現の歴史』萩原弘子訳、新水社、1992年；タマール・ガーブ『絵筆の姉妹たち——19世紀末パリ、女性たちの芸術環境』味岡京子訳、ブリュッケ、2006年。
13) リンダ・ノックリンは、美術の歴史にジェンダーの視点を最初に導入した美術史家の一人であり、女性画家がなぜ「巨匠」なれなかったのかを、美術史や美術教育の制度に要因があると考察している。Linda Nochlin, *Why Have There Been No Great Women Artists?* (London: Thames & Hudson, 2021), pp. 43-44.
14) 高階秀爾『カラー版　名画を見る眼Ⅰ——油彩画誕生からマネまで』岩波書店、2023年、202頁。
15) 欧米の美術館のコレクションや美術展の出展作品数におけるジェンダーの不均衡の問題に関しては、近年調査研究が進展しつつある。例えば、チャド・M・トパーズらの研究によれば、全米の主要美術館のコレクションの約80％以上が、男性（白人）のアーティストによるものであるとのことである。また、ヨーロッパの国々でも同様に男性優位の状況となっている。例えば、アストリッド・アスペルゲンによるデンマークの事例についての詳細な調査はその証左である。Chad M. Topaz et al., "Diversity of Artists in Major U.S. Museums" *PLoS ONE* 14(3), 2019. 〈https://doi.org/10.1371/journal.pone.0212852〉（2024.8.30アクセス確認）; Astrid Aspegren, "Representation of Women in Art Museums: How Can We Improve Gender Balance in Exhibition Practice?" *European Journal of Cultural Management & Policy*, vol. 11(1), 2001, pp. 56-70.
16) アートマーケットにおける女性アーティスト作品と男性アーティスト作品の価格差については以下の論考がある。Julia Halperin and Charlotte Burns, "Female Artists Represent Just 2 Percent of the Market. Here's Why-and How That Can Change" *artnet News*, September 19, 2019. 〈https://news.artnet.com/womens-place-in-the-art-world/female-artists-represent-just-2-percent-market-heres-can-change-1654954〉（2024.8.30アクセス確認）; Fabian Bocart et al., "An Empirical Analysis of Price Differences for Male and Female Artists in the Global Art Market" *Journal of Cultural Economics*, 46, 2022, pp. 543-565. 〈https://doi.org/10.1007/s10824-020-09403-2〉（2024.8.30アクセス確認）; Renée B. Adams et al., "Is Gender in the Eye of the Beholder? Identifying Cultural Attitudes with Art Auction Prices" (December 6, 2017). Available at SSRN: 〈https://ssrn.com/abstract=3083500〉 or 〈http://dx.doi.org/10.2139/ssrn.3083500〉（2024.8.30アクセス確認）
17) ゲリラ・ガールズの活動については以下を参照。北原恵『アート・アクティヴィズム』インパクト出版会、1999年、10-38頁。
18) ジョン・バージャー『イメージ——視覚とメディア』伊藤俊治訳、PARCO出版、

1986年、58頁。
19) ローラ・マルヴィ「視覚的快楽と物語映画」斉藤綾子訳・解説、岩本憲児、武田潔、斉藤綾子編『「新」映画理論修正1——歴史／人種／ジェンダー』、フィルムアート社、1998年、126-141頁。
20) Stuart Hall, Jessicca Evans and Sean Nixon ed., *Representation*, 2nd ed (London, UK: Sage Publications Ltd, 2013), p. 225.
21) グリゼルダ・ポロック『視線と差異——フェミニズムで読む美術史』萩原弘子訳、新水社、1998年、55頁。
22) 培養効果については以下などを参照。李光鎬・渋谷明子編著『メディア・オーディエンスの社会心理学』改訂版、新曜社、2021年。

第 8 章
音楽 × SDGs
── 創作の持続可能性と「遊び」

　音楽の分野において、「持続可能な開発目標（SDGs）」の活動をさまざまな企業や団体が行っている。SDGsの掲げる達成目標を前提としてなされるそれらの活動は、音楽の実践活動「それ自体」というよりも、それを「維持するための活動」であり、またその「維持」を通じて当初目標の達成を目指すという点において、きわめて「目的的」な活動である。一方、音楽それ自体は必ずしも「目的的」なものではなく、時にきわめて「非目的的」な性格をもつ。その点で、SDGsの活動とは齟齬をきたす部分がある。それでは、社会や時代の変化にかかわらず、音楽実践とりわけ創作[1]を持続可能なものとするためにはどうしたらよいだろうか。そのためには、「何を」制作するのかから「どのように」制作するのかへと、創作をめぐる思考を転換することが求められる。また「遊び」のもつ創発性を制作へと導入することによって、作者すらも予想しない創造性を持続的に発揮することが可能になるだろう。

1. はじめに

1.1 音楽とSDGs

　「持続可能な開発目標（SDGs）」という言葉が頻繁に聞かれるようになって以降、さまざまな企業や団体もまた、積極的に音楽とSDGsにまつわる活動を表明してきた。
　例えば世界的に有名な企業であるヤマハは、楽器やスピーカー、防音室などを製作するのに適した木材を調達すると同時に、その木材を生み出すための森を「おとの森」と定義し、サステイナブルで循環型の森林づくりを行っ

ている[2]。木管楽器の重要な材料となる「アフリカン・ブラックウッド」の生態や資源量などについて、ヤマハは2016年より調査を開始し、現地NGOや地域住民と連携した植林活動を2018年より進めてきた。同様の活動として、グランドピアノの響板に用いられる北海道原産のアカエゾマツを安定して供給するための、保全活動や地域との連携も行ってきた[3]。また、楽器メーカーではないものの、伊藤忠商事はセルロースナノファイバーを代替素材として使用して箏の爪を製作するという試みを行っている[4]。かつては箏の爪やピアノの鍵盤などの素材として象牙が用いられてきたが、1990年のワシントン条約で象牙の国際取引が原則禁止となった。そのことを受けて代替素材の開発が進められてきたが、箏独特の音響特性を維持するための素材として、セルロースナノファイバーに注目が集まっているという。

　こうした活動は、言い換えるならば、楽器を生産するために必要な原材料を安定して確保する活動ともいうことができよう。そしてSDGsの観点からすると、ヤマハの取り組みは、素材としての木材を確保しつつ環境保護を行うものであり、SDGsの17の目標のうち、12（「持続可能な生産消費形態を確保する」）・15（「陸域生態系の保護、回復、持続可能な利用の推進、持続可能な森林の経営、砂漠化への対処、ならびに土地の劣化の阻止・回復及び生物多様性の損失を阻止する」）・17（「持続可能な開発のための実施手段を強化し、グローバルパートナーシップを活性化する」）に合致するものと考えられる。伊藤忠商事のセルロースナノファイバーの場合、代替素材による演奏用品の開発を行うことで、SDGsの目標12および目標15に合致する取り組みを行っているといえるであろう。

　オーケストラや企業により、SDGsに関連するコンサートが行われていることにも触れたい。例えば名古屋フィルハーモニー交響楽団は、「名フィルとSDGs」と掲げられたウェブページを公開し、SDGsと地域の音楽文化振興との関わりについて表明している[5]。SDGsの目標3（「あらゆる年齢のすべての人々の健康的な生活を確保し、福祉を推進する」）・4（「すべての人々への包摂的かつ公正な質の高い教育を提供し、生涯学習の機会を促進する」）・

1. はじめに

10（「各国内及び各国間の不平等を是正する」）に照らし、こども向けの名曲コンサートや移動音楽教室、障害者向けのコンサートが行われていることが、上記ウェブページで紹介されている。また自動車生産で知られるトヨタは、1981年から続けている「トヨタコミュニティコンサート」というプロジェクトを通じて、「音楽を通じた地域振興」を目的に、日本各地のアマチュアオーケストラの活動を支援してきた。そのような支援を通じて「SDGsが目指す「誰一人取り残さない持続可能な平和な社会」」を実現するという取り組みを行っている[6]。

以上のような取り組みは、音楽の実践活動「それ自体」というよりも、音楽の実践活動をSDGsという文脈を踏まえながら「維持するための活動」といえるであろう。例えばSDGsに関連して重要な著作を残している蟹江憲史は、SDGsと文化・芸術との関わりについて、「文化の多様性や文化振興などに触れるターゲットもあるものの、目標自体に文化は含まれていない。あるいは芸術も、生活の質や心の豊かさのためには非常に重要なものであるものの、SDGsのなかでは言及されていない」と述べている[7]。つまりSDGsの目標群は、文化・芸術について直接に触れてはおらず、「文化の多様性や文化振興」といった間接的な言及に留まるということだ。先の事例に照らしてみても、そこで挙げられているSDGs目標群は、「社会との関わりにおいて」音楽の諸活動が存続していくための外的条件を整えるに留まっていることは間違いなかろう。その意味でもやはり直接的に文化・芸術について言及するものではない。

そういったいわば外的条件を整えることとは別の形で、音楽の持続可能性について考えることは、いかにして可能だろうか。

1.2 音楽と社会

音楽においては多くの場合、作曲者の手によって作品[8]が制作され、作曲者自身や演奏者によって実際に音にされるというプロセスを経ることで、作

品が聴き手の耳に届く。そうしたプロセスに携わる音楽家に対し、近代以降では「天才」「才人」といった神話的なイメージが一般的に流布していることも相まって、長らく音楽を含む芸術が「日常生活」とはどこか異なる水準で扱われがちであった[9]。日常生活では味わえない経験、かつアトラクションなどとは異なる何ものかとして芸術は捉えられてきたかもしれない。

しかしながら、執筆時の2024年においてもまだ記憶に新しいコロナ禍においては、芸術の実践の場が社会と決して無関係であるわけではないことがあらわになった。あらゆる演奏会が制限され、音楽が従来のような形では実現することができなくなった。それでも多くの音楽家たちは、配信による無観客コンサート、オンライン上での動画発表といった手段を用いて、なんとか音楽を持続する術を探った[10]。多くの芸術・文化関連事業は甚大な打撃を受け、その職を手離した者も少なくなかったという。この時期多く聞かれた「不要不急」という言葉は、文化・芸術活動が日常生活を成り立たせる「必要条件」ではないこと、それゆえコロナ以前にはそれらの分野は日常に「プラスアルファ」するものとして扱われてきたこと、そしてコロナ禍によって「必要条件」としての日常生活が成り立たなければ「不要不急」の活動もまた実現しないということをあらわにした。つまりは、ともすれば神話的なイメージで語られがちな音楽家という存在ではあっても、実際には社会とのつながりの中で活動し、経済や環境のあり方によっては多大なる影響を被ることがあるのである。

「1.1　音楽とSDGs」で、SDGsに関連する企業・団体の取り組みを紹介した。それらは音楽家個々人のレベルを超える取り組みであったが、コロナ禍の出来事を振り返るに、音楽家個々人のレベルにおいてもやはり社会と音楽実践とを切り離すことはできまい。その意味で、作曲という行為も、社会的な営みのひとつと捉えることができる。作曲行為と社会との切り離せなさゆえに、外的条件の整備は大事であるともいえるが、本論では敢えて個人の営みとしての作曲に注目したい。作曲家として創作を実践する著者にとっての喫緊の課題として、そのように予測不可能な形で変動する社会情勢におい

ても、どのように創作を、とりわけ作曲という行為を維持できるかを考えてみたいと思う。逆に言うと、そのように社会情勢の変動によって影響を被ることがあったとしても、そのことによって持続不可能となってしまうのではない創作方法を考えることが、創作に携わる者にとって必須であると思われるのである。

2. 創作と「目標」

2.1 作品の「外部」にある「目標／目的」

　SDGsは、17の目標を含みもつ。その目標に達するまでの手段は具体的には規定されていないものの、何らかの到達すべき目標があり、その目標に向かって手段が整えられ、目標が達成されることが最終的な到達点である、ということが必然的に導出される。翻って音楽は何らかの目標をもつであろうか。音楽は、作品に直接関連しない、作品「外部」にある何らかの目標や目的に常に奉仕するものとして存在するであろうか。「目標をもつ」ということは、到達すべき最終地点が設定されているということであり、そこに達するまでの道のりは、目標に達するまでのプロセスとして回収されるであろう。そして、もしも音楽が何らかの目標や目的に寄与するものでありうるならば、音楽作品はその目標・目的を達成するための手段として存在することになる。だが次に参照する何人かの経験をもとにした言葉からは、音楽が必ずしも「目標的」「目的的」な意味で「役立つ」あり方をしないことを読み取ることができよう。

　例えば近年数多くの音楽関連書籍を出版しているアルテスパブリッシングは、2011年11月に発行された雑誌『アルテス』創刊号において、「3.11と音楽」という特集を組んでいる。その中で、多くの音楽家や識者たちが、未曾有の出来事に接して音楽は何ができるのか、何を可能とするのかについてさ

まざまに論じている。**坂本龍一**はまず先に「9.11」すなわちアメリカ同時多発テロ事件について振り返り、「音楽を作ろうとか音楽を聴こうとか、そんな精神状態にはならなかった」[11]ことを率直に述べ、「3.11」すなわち東日本大震災の場合においても被災者を励ます音楽を作るというチャリティーの依頼を全て断ったというエピソード[12]に触れている。また美学者の吉岡洋は、「3.11」をめぐり識者たちが論考を寄せる行為それ自体について、「そもそも、被災者であったり直接復興や支援の活動に携わっている人以外の人々がやっていることは、ぼく自身がいまこうして話していることも含め、ある意味ではすべて「災害便乗」活動でしかありえない」と述べる[13]。そこにはもちろん、被災者に対する慮りや人としての倫理観が読み取れるが、彼らの言葉の真意はそれだけではないだろう。それはつまり、音楽が人々に何らかの影響を与えることはあったとしても、直接的に何かを引き起こすことが確定しているわけではないということである。言い換えるならば、そのこと自体を目的とするものではないということだ。それはかつて、作曲家の**高橋悠治**が**エリック・サティ**をめぐる文章の中で、「作曲家は聴衆の時間をつかってかってなメッセージをつたえる権利はない。音楽はつつましいものでなければならない」[14]と述べたことにも呼応しよう。

　音楽作品は確かに、それを聴く私たちの感性に訴えかけ、心を動かすこともある。だが医療・医薬品などとは異なり、直接的に何らかの「効果」「効能」をもつと確定的にいうことができない。坂本や吉岡の言葉は、「効果」「効能」を目的とすることそれ自体の危険性を指摘する倫理的な言葉と読み解くことも可能だろう。より一般化していうならば、現代の私たちはロラン・バルトの**「作者の死（La mort de l'auteur）」**宣言[15]を経て、文学作品が決して「作者」の占有物ではないということ、またそのことが文学に留まらない芸術一般に大きな影響を与えたことを認識している。そして作品は作者から独立して存在し、作者もまた作品をなんらかの「目標」「目的」のために完全に制御することはできないという認識の一般化した世界に生きている。直接的な「効果」「効能」の不在とは、このような芸術あるいは表現の実際に即した観

点からも傍証されるように思われる。

2.2 作品「内部」の構成

　音楽作品は目的論的なあり方をしていない、と前項で述べた。つまり、何らかの目的のために制作された作品であったとしても、必ずしも「目標的」「目的的」な意味で「役立つ」あり方をしておらず、何らかの「効果」「効能」をもつわけではないということである。「効果」「効能」が実現されることを「目標」「目的」として設定することは、音楽作品においては難しい。だが、こうした人間の側から作品を見た際のある意味で倫理的ともいえる認識とは別に、作品「内部」の話となると様相を異にする。

　音楽用語として、まさしくDevelopmentという言葉を使うことがある。クラシック音楽の形式において、よく知られたものの中にソナタ形式があるが、この形式は第1主題・第2主題という2つの主題が中心となる「呈示部」、主題やその他の素材を使って流動的に展開させる「展開部Development」、呈示部の部分を再び出現させる「再現部」とに大きく分かれる[16]。

　この「展開部Development」においては、呈示部で出現したさまざまな素材を用いて作曲家が技巧を発揮する。2つの主題に含まれる動機（モチーフ）や音型などを用い、組み合わせ、いかに予想外の展開を引き起こすかという作曲家の腕の見せ所となっている。そのことを指して「展開Development」[17]というわけである。

　この呈示部—展開部—再現部という構造は、ある意味目的論的なものといえよう。最初に提示された主題が「発展」し、最終的にまた「再現」されるものとして形式が設定されており、「発展」は「再現」という目的のためにある。ソナタ形式によらず、**西洋クラシック音楽**を基礎とした音楽形式、例えば変奏曲やロンド形式といったものも、「展開部」という用語こそ用いないものの根本的には同一の視座をもつ。そしてこれらの形式には、作品「全体」を俯瞰的に見渡し把握するという前提が見て取れる[18]。

ある時代の西洋音楽の規範に則って制作された音楽作品について、作品の「外部」においては目標・目的は存在しないが、作品「内部」においては目的的である。このことは、音楽のあり方とSDGsのあり方との齟齬の要因と考えられる。

2.3　超時代的手段の構築

　音楽のあり方とSDGsのあり方は決して同じではない。とはいえ、音楽が存続してゆくためには創作活動もまた持続可能なものでなければならない。そのためには、先述の外的条件の整備だけではなく、その活動を可能にする「制作手段」について考えなければならない。もしも、作品制作を行う手段が維持できなければ、作品を制作し続けることはできない。

　時代状況に左右されず、いかに創作を維持するか。ひとつの参考として、美術家であるジョセフ・アルバース（Josef Albers, 1888-1976）[19]の創作思想が挙げられるであろう。

　ドイツ生まれのアルバースは、1919年に設立された美術学校・バウハウスで学び、後にはそこで教える立場となった。バウハウスは合理性・機能性を重視し、モダニズムを牽引したとされるが、アルバースは予備課程の授業を担当する中で、素材からどのようにしてフォルムを作り出すかということを教えた。その後アルバースはアメリカに移住し、ブラック・マウンテン・カレッジなどで引き続き美術教育に携わると同時に、自身の制作を続けた。

　アルバースにとって教えることとは、「特権的な情報を与える教師がいて、広く認められた知識を手に入れる学生がいる、という話」[20]ではなく、「問いを投げかけること」[21]であった。そのため重視したのが先述した「素材の扱い」である。例えば、紙やストローといった特定の素材を指定し、その素材によってしか作ることのできない作品を作るように、という指示をしばしば学生に出した。つまりは「何を」ではなく「どのように」実践するか、ということに重きを置いたのである。そしてそれこそが芸術の内容であるとし

2. 創作と「目標」

た[22]。

　このことは、音楽の創作に対しても示唆を与えてくれるであろう。「何を」ではなく「どのように」ということは、素材そのものの選び方というよりも、いったん選んでしまった素材をいかにして作品の形へと仕立て上げるか、ということを重視する仕方であるといえる。

　加えてアルバースは素材と労力との関係性について「経済性」という言葉を用いた。彼は自身の講義において、「造形に用いるさまざまな素材には、加工にあたって考慮するべき特性（強度など）や、表面の特性（マチエール）が存在する」[23]としていたが、そうした素材の特性を把握しかつ最適な方法で最適な加工を施すことで、「最小の材料や労力によって、最大の成果を得ることができる」[24]と考えた。このことを指してアルバースは「経済性」と呼んだのである。

　「最小の材料や労力」というのは、もちろんネガティブな表現として用いられているわけではない。素材そのものを真摯に見極めること、素材それ自体から創作をスタートさせること、素材を加工するための労力の最小のあり方を見極めること、それらをもって「経済性」と呼んだのである。それは、効率の良さを優先するということではなく、最小の労力をもって目の前の素材のもつ可能性を最大限に引き出すということである。「経済性」という言葉は、一見すると数字の絡んだ話のようにも思われ、それこそSDGsと直接的に関連があるようにも見える。しかしながらアルバースのいう経済性は、そのように数値に還元可能な効率性を重視するというものではなく、創作手段を考えるうえでのひとつの指針となっていることに留意されたい。

　このことから、私たちはひとつの視座を得ることができるであろう。「今ここ」つまりは手元の素材を出発点とし、徹頭徹尾思考を突き詰めること、手段の探索を徹底することそれ自体が、重要な出発点となる。「何を」ではなく「どのように」、つまり翻って素材そのものから考えることで構造を作り、素材がどのように展開されうるのかを知る。「どのように」を探索する思考があれば、それこそどのような素材を目の前にしてもたじろぐことはない。

言い換えると、目の前の素材に向かう姿勢を厳密なものとすることによって、私たちは時代状況や社会情勢の突発的な変動に左右されることなく、創作を持続可能なものとすることができる。先述したコロナ禍における発表形態の変化だけではなく、創作者をめぐる制作環境もまた時代とともにさまざまに変化している。例えば、長く西洋音楽の特権性を支えた楽譜という媒体は現在も広く使用されてはいるが、手書きではなくコンピューターによる記譜ソフトにより制作されることが増えている。また、演奏者を必要としない電子音楽は、かつて国営スタジオなど一部の特権的な場所でのみ制作可能であったが、いまや家庭のコンピューターで容易に取り組むことができるようになった。これらはほんの一例にすぎないが、そうした制作環境の変遷は不可避的なものであり、創作者は各々の時代において、それらと対峙し続けていかねばならない。たとえ制作環境が変わったとしても持続して創作を行うためには、そこで制作環境が提供している素材そのものから「どのように」作品を導くか、に注力することが肝要ではあるまいか。目の前の制作手段は扱うべき「素材」すなわち「何を」を提供するが、その素材をいかにして作品へと仕立ててゆくかは「どのように」にあたる。私たちは、「何を」のみに注目しすぎて、目の前の制作手段を使いこなすことに没頭してしまうのではなく、制作手段が変わったとしても展開可能な「どのように」を重視することで、創造性を維持することができる。どのような時代にも対応しうる創作を維持するために、私たちはいま一度「どのように」から出発すべきであろう[25]。

3.「遊び」の創出

3.1　近代音楽史における作曲家像

　現代に生きる私たちが、どのようにして創作を維持していくか。そのことを考えるにあたり、西洋クラシックの音楽史を少しだけ振り返ってみたい。

3.「遊び」の創出

　簡略化していうならば、西洋クラシックの音楽史はしばしば単純なものから複雑なものへと、発展史的な歴史として描かれてきた。「西洋クラシック音楽の始まりとされるグレゴリオ聖歌は、単旋律として生まれやがてポリフォニーへと発展して和声法へとつながった」「和声法は調性へ、調性音楽はやがて飽和・崩壊して無調音楽へつながった」といった具合である。

　そのことと並行し作曲家のあり方が、教会や貴族に奉仕する立場から、自立した芸術家としての地位へと変化を遂げた。作曲家の名前が作品とともに流通するにつれ、天才たちの「フェティッシュ化」[26]、すなわち作品のつくり手が「大作曲家」として特権的に扱われ、音楽史上における重要人物であるとみなされるようになった。

　音楽学者の岡田暁生は、西洋音楽すなわち「芸術」としての音楽が、「楽譜として設計された音楽」[27]のことであり、そもそも一部の特権的な人々の音楽であると述べる。なぜなら楽譜を書き記す紙は近代以前には大変高価なものであり、字を読めるのは貴族や聖職者などに限られていたからである。『西洋音楽史』というそのもののタイトルの著書において、岡田は「本書で辿るのは、楽譜として残された知的エリート階級の音楽の歴史である」[28]と宣言する。

　他方で、今日では従来的な西洋至上主義的音楽史に代わるかのように、民族音楽・ポピュラー音楽といった1970年代には音楽学で中心的に扱われていなかったジャンルへの注目、インスタレーションやサウンド・アートといった楽譜を介さない音楽の台頭も目覚ましい。さらには作曲家や演奏家といった音楽に「直接」携わる人々だけではなく音楽にまつわるあらゆる活動に携わる人も当事者として捉える「ミュージッキング」[29]という概念なども人口に膾炙しつつある。また、インターネットの発達により発表された作品はすぐさま共有され、世界中のさまざまな音楽を家に居ながらにして聴くことができるようになった。それゆえ、進歩史観的な音楽の歩みや天才神話的な作曲家の扱いが、現在では大きく揺らぎつつあることも事実だ。西洋クラシック音楽が特権的とみなされる時代は久しく過ぎ、現在ではあらゆる音楽が相

第8章　音楽×SDGs

対的な位置において扱われる。

　音楽学者のニコラス・クックは音楽学の歴史を反省的にたどる中で、「グローバル音楽史」について触れている。彼は、今日音楽諸史はより複雑に絡み合う地域的・グローバル的循環のパターンの中で理解されるべきというスタンスに基づいていること、つまりは音楽とはグローバルな文脈において理解するしかないということを主張する。また「西洋」音楽という概念自体がそもそも、非西洋諸国との関係性において、あるいは非西洋諸国に対して、植民諸国が自身を定義せんとする試みに端を発するものであるということを述べる[30]。

　このクックの主張を、SDGsと関連づけて理解できるだろう。蟹江はSDGsの取り扱う問題群の共通項について、「創発」という言葉を用いて説明する。

　　「創発」という言葉がある。もともとは物理学や生物学から来た用語で、局所的な個々の部分が集まり、相互作用によって複雑に組織化されることで、予想もしなかったような新たな秩序やシステムがつくられ、やがてそのシステム自体が個々の要素に影響を及ぼしていくような現象のことをいう。
　　現代社会が直面する多くの課題にもこの創発現象が見られる。個別の現象のように見える課題が、世界各地で固有の文化や地域的要素にのっとりながら現れる。[31]

　蟹江はこの「創発」という言葉を、SDGsの根幹をなす「経済の問題」「社会の問題」「環境の問題」を念頭に置いて説明した。グローバル社会において、経済・社会・環境の問題は国境を超えて互いに影響し合い、作用し合うという意味合いである。この言葉を、先のクックの主張と関連づけて考えてみるならば、「音楽をグローバルな文脈において理解する」ということと呼応するであろう。「西洋」だけを特権的に扱うのではなく、「地域的・グローバル

的循環」の中においてあらゆる音楽を考えること。そのことによって音楽は互いに「創発」し合い、予想もしなかった新たな音楽の局面が現れるかもしれない。

　そしてこの「創発」という言葉を、さらには音楽創作の現場に当てはめてみてはどうか。「作曲者」「演奏者」「聴衆」をはじめとするさまざまな立場の人々の関わり合い方、あるいはそれぞれの立場からの音楽への関わり方に当てはめてみてはどうか。SDGsが最終的に到達すべき目標をもち、音楽それ自体はそうではないという違いはあるにせよ、音楽をめぐる諸活動には、SDGsの根底にあるとされる「創発」が、見えてくるであろう。

　とするならば、先に岡田が西洋音楽の特権性の礎とした「楽譜」だけではなく、「局所的な個々の部分」すなわち作曲者を含めた複数の人々の個々の営みに注目してみてもよいのではないだろうか。音楽をめぐる個々人の営みが相互に作用することで、「予想もしなかったような新たな秩序やシステムがつくられ」る。そしてこの予測不可能性は、最初から「目標」を定義しない芸術作品にこそむしろ備わっている性質であるともいえる。そのことを踏まえて、本論の最後に「遊び」という言葉を鍵として創作について論じたい。

3.2　「遊び」と音楽活動

　英語で「演奏」という言葉にはplayが用いられる。この言葉はその他にも「遊び」という意味をもち、昨今では「音遊び」といった用いられ方もする。「遊び」「遊戯」についてしばしば参照されるのはヨハン・ホイジンガ（Johan Huizinga, 1872–1945）の『ホモ・ルーデンス（*Homo Ludens*）』である。1938年に出版されたこの著書においてホイジンガは、遊びとは命令されて行うのではない自由な行動であり[32]、日常生活から区別されて定められた時間・空間の限界内で行われる[33]などの特徴をもつとしている。

　ホイジンガらを踏まえつつ、「遊び」をさらに発展的に敷衍したのは哲学者の西村清和（1948–）であった。西村は「遊びの目的は、ただ「おもしろ

く遊ぶ」こと」[34] にあるとする。さらにロジェ・カイヨワ（Roger Caillois, 1913-1978）の言葉も参照するならば、「遊びは強制されて行なわれるものではなく、ただ楽しいからつづけられている」[35] ものである。この無目的性は、最初から到達すべき地点を設定しない芸術作品のあり方と呼応する。

　そして、遊びは「余地」をもつ。西村がボール遊びについて述べる以下の部分は、大変示唆に富む。

　　　ボール「で・遊ぶ」とは、ボールが指示する一定の行動をとることを意味せず、むしろボールとこれにふれる手とのあいだに生じた遊びの隙、遊びの余地で、ボールの弾性に手の弾性が同調することをいう。ボールは多様なしかたではずみ、これに即して手も、多様なふるまいに同調する。（中略）玩具とは、遊び手がそこ「で・遊ぶ」ないしそれ「に・遊ぶ」、いわば遊びの場所なのである。[36]

「遊びの隙」について西村は、「遊隙」という言葉でも呼んでいる。「遊びの隙」あるいは「遊隙」とは、「あらかじめ静力学的に算定され、しっかりと固定された構築物の、誤謬をゆるさない安定した秩序の一義性にくらべて、ひとつの未決定で不安定で自在な余裕」[37] を指す。ボールの弾性という予測のつかなさに対し人間の手の弾性が寄り添い、同調し、その都度生まれ出る新たなボールの動きに手が対応する。手の動きは局所的なものとしてだけではなく、その人間の身体全体へと影響し、遊びの場がそこに作り出される。遊びは決してその成り行きが予想されない。

　音楽の創作の場において、「遊び」はどのように生じるであろうか。例えば、先の引用におけるボールの役割を「音」や「響き」に置き換えるならば、以下のようなことが考えられるのではないだろうか。思いついた音が予想外の進行を見せたとき、その進行をむしろ尊重すること。自ら行う演奏行為を、それだけが絶対であると決めつけず、その都度出来する予想外の自分の音や他者の演奏に耳を傾けそれに反応すること。リハーサルの現場において、偶

3. 「遊び」の創出

然生じた新鮮な響きを演奏に生かすこと。そのような予想外の音のはたらきは、記譜された音楽にも起こる／起こり得るものであり、なにも即興音楽だけに限った話ではない。人は誰しも自らの行為に意外性を感じたり、考えていたこととは異なる選択をしたり、思っていたことと異なることを思いついたり、つい「手が滑って」失敗したりする。その都度新たに生まれ出る「予想のつかなさ」こそ「遊び」の部分であり、その「遊び」にこそ創作の原点があるのではないだろうか。

音楽に携わる人々は、当然のことながら音楽をめぐるさまざまな活動を行う。それら一つひとつの行動が、互いに「遊び」の部分をもち、「遊び」ながら関わり合い、「遊び」の隙から新たなアイディアが生まれ、予想のつかない結果が生まれる。そのように、互いの予想のつかなさを許容しながら「遊ぶ」とき、音楽は更新されつつ、作品としての形を作り上げてゆく。

ここである作曲家の作曲方法について触れておこう。日本の現代音楽界を代表する作曲家のひとりである近藤譲（1947-）は、自らの作曲方法について以下のように説明している。

> まず、とにかく最初の音を思いつくまで待つ。（中略）ただ曲の始めの音一つ、例えば「レ」とか、「ド♯」とか、それだけのことです。実際のところ、どの音から始めてもいいようなものです。結局のところは。ですから待っているというよりも、とにかく始めの音を決める、と言ったほうがいいかもしれません。[38]

この作曲方法においては、作曲家が「最初の音を決める」、そのことがまず重視される。選ばれた音が、それでなければならない客観的な理由があるというよりも、「どの音から始めてもいいようなもの」であり、作曲家がそこで「その音の選択をした」という事実が重視される。

最初の音がとにかくどれかに決まると、それを繰り返し何度も聴く。

聴いているうちに、二つ目の音を思いつくわけです。そこで、最初の音のあとに二つ目の音を書く。（中略）二つ目の音を思いついたらこんどは一つ目と二つ目の音を聴いて三つ目の音を、三つ目の音を思いついたら一つ目、二つ目、三つ目を聴いて四つ目の音をというふうに、いつも必ず始めから聴いて、順番に一つ一つ音を前に足していくというやり方で作曲していきます。この作曲方法には、何の体系も何の規則もありません。ただ聴いて、思いついたとおり音を並べていくわけです。[39]

　選んでしまった最初の一音を繰り返し何度も聴き、それに続く音を選ぶ。作品「全体」を統一する構造をもとにするのではなく、いわばその都度目の前の音と遊びながら、次の音を探すような方法である。もちろんどのような音を選んでもよいわけではなく、前の音に続けてもいいと思うような後続の音を選ぶわけであり、そこで生まれる音相互間の関係、その「関係性に着目する」[40]ことが、近藤の作曲方法となる。

　近藤自身述べているように、音の関係性に着目すること自体は伝統的に行われてきており、例えば旋律やリズム、調性といったクラシック音楽の伝統的な構造の諸要素もまた、そうした音の関係性により成り立つものといえる[41]。その意味での「目新しさ」はないのであるが、ここまで明晰に作曲方法を言語化し、かつ音と音との連接に関し、一音同士という最小の単位にまで焦点を当てるところに近藤の独自性がある。

　こうした作曲もまた、一種の「遊び」といえよう。音の関係性を一音という最小単位にまで分解し、そこで起こる響きの予想と戯れること。それはあたかも、目の前にある小石を拾い上げ、手のひらでもてあそんだり、なんとはなしにその小石で遊んでみたり、他の小石にぶつけてみたりすることにも似ている。遊びは定式化した作曲方法の「隙」をつき、作品の行く末を攪乱する。

　さらに言うならば、近藤の作曲方法はまさに「何を」ではなく「どのように」に着目したものといえるのではないだろうか。もちろん作曲にあたり楽

器編成は事前に決定しているはずであり、それにかなう音を選ばなくてはなるまい。弦楽四重奏曲の指定があるのに、フルートの音を選ぶことはできない。だが「とにかく始めの音を決め」、冒頭から聴きかえすことで順次後続の音を選ぶ、という最小限の手順が反復される。そのような形で近藤の作曲法には「どのように」が確立されており、さらにその「どのように」の中に「遊びの余地」が組み込まれている。遊びの余地の組み込まれた反復が持続するその隙に、「創発」が生まれる。

　作曲者と演奏者の間にも、作曲者の個人的な制作の時間にも、創発は生じ得る。固定した目標を設定せず、「どのように」を重視して素材を取り扱い、遊びながら作品を形づくる。遊びの「余地」の中で、予想しなかった事態が生じ、そのことが作品へと反映される。音楽はその時、目的的で予測可能なものとは異なる道筋を経て完成へと至るであろう。当初の予想が結果として予想と異なるところへと導かれたり、思っていた予想が実現されないといった種々の「トラブル」「失敗」を取り込む遊びの余地に、創造性が宿る。それこそがクリエイティビティ（創造性）のサステイナビリティ（持続可能性）である。人間の「遊びの部分」を孕んだ選択は、創作を推進する原動力となる[42]。

4. おわりに

　本論の議論をあらためて振り返っておきたい。
　SDGsについての取り組みが各種団体・企業によって行われ、その中には音楽に関連するものもあることが確認された。そしてそれらの取り組みは、大きな意義をもつ一方、音楽活動それ自体というよりも、音楽活動が社会との関わりにおいて持続していくためのものであった。さらに言うならば、資本主義社会の継続を前提としつつ、その中で音楽・文化を産業領域として持続的に成立させるための外的条件を整えるものであった。それとは異なる形で、

とりわけ音楽家個人のレベルにおいて創作の持続可能性を探るために、筆者の専門であるところの作曲という領域に注目し、予測不可能な形で変動する社会情勢においてもどのように創作を維持できるかを考察した。

　どのような時代状況においても創作を維持するのであれば、「何を」ではなく「どのように」を重視せねばならない。素材をいかに取り扱うかを考え、そこから出発した制作方法を見つけなくてはならない。そして「遊び」ながら制作するための「創発のシステム」を個々人が作り上げることで、クリエイティビティが維持されてゆくであろう。

　21世紀の最初の二十数年だけでも、作曲者を取り巻く環境は劇的に変化している。今後どのような変化が訪れるのか、私たちはいまだ予想できない。作曲者を含めた全ての創作者にとって、自身の目や耳を常に開き[43]、変化を感じ取り、創造性を維持するシステムのもとに創作を維持することが課題となるであろう。

注

1) 本論では、創造性をもって作品を作り上げることの総体を「創作」と呼び、実際に創作を行うための作業を行うことを「制作」と呼ぶこととする。
2) ヤマハ「地域社会とともに育む、豊かな森林と音色のハーモニー──おとの森活動と木材資源への取り組み」2022年〈https://www.yamaha.com/ja/stories/feature/feature-14/〉（2024.6.30アクセス確認）。
3) 同上。
4) 伊藤忠商事プレスリリース「世界初、「象牙に近い音色を奏でるCNF箏爪」を事業化」2022年〈https://www.itochu.co.jp/ja/news/press/2022/221114.html〉（2024.6.30アクセス確認）。
5) 名古屋フィルハーモニー交響楽団「名古屋フィルハーモニー交響楽団とSDGs」〈https://nagoya-phil.or.jp/sdgs/〉（2024.6.30アクセス確認）。なお、SDGs目標13・15に照らし、「環境に配慮した素材をチラシ、ポスター、DM等に使用」することも同ページでは説明されている。
6) トヨタコミュニティコンサート「トヨタコミュニティコンサートREPORT　音楽×SDGsを考える」〈https://www.toyota.co.jp/jpn/sustainability/social_contribution/society_and_culture/domestic/tcc/〉（2024.6.30アクセス確認）。
7) 蟹江憲史『SDGs（持続可能な開発目標）』中央公論新社、2020年、29頁、中公新書

2604。

8）音楽学においてはさまざまな「作品」の定義があるが、本論においては、「個人としての作曲家がその名のもとに制作し、発表する音楽」という西欧近代的価値観に基づいたものとして取り扱う。

9）音楽学者の若尾裕は、先進国の近代における主要な音楽が、基本的に王侯・貴族や大資本・国家といった大きな出資者のお金により発展してきたこと、またそれゆえに「エコな発想からは遠かった」ことを指摘する（若尾裕『サステナブル・ミュージック――これからの持続可能な音楽のあり方』アルテスパブリッシング、2017年、217頁）。音楽が「日常生活」と異なる水準で捉えられがちだったことには、そのような状況も加味されたと考えられる。

10）後者については、東京都が芸術文化活動支援事業「アートにエールを！東京プロジェクト」を立ち上げたことも話題となった。東京都生活文化スポーツ局「アートにエールを！東京プロジェクト」〈https://www.seikatubunka.metro.tokyo.lg.jp/bunka/katsu_shien/0000001469.html〉（2024.6.30アクセス確認）。

11）坂本龍一「明日の見えない時代に、耳を澄ます」『アルテスVOL. 01』アルテスパブリッシング、2011年、19頁。

12）同上書、23–24頁。

13）吉岡洋「死者のまなざしの中にみずからを置くこと」、同上書、43頁。

14）高橋悠治『高橋悠治――コレクション1970年代』平凡社、2004年、168頁、平凡社ライブラリー506。

15）ロラン・バルト「作者の死」、『物語の構造分析』花輪光訳、みすず書房、1979年、79–89頁。なお原論文は1967年に発表されている。

16）『新音楽辞典　楽語』音楽之友社、1977年、331–332頁。なお、第1主題と第2主題の間には推移部が、呈示部の最後には小終結部が置かれる。個々の作曲家と時代により変化はあるが、古典派時代のソナタ形式がひとつの規範となる。

17）日本語においてはソナタ形式におけるDevelopment部分について「展開部」という定訳が用いられている。

18）作曲家の高橋悠治（1938–）はあるインタビューで、ベートーヴェン以降の音楽について「ある構成をつくって、そのなかでクライマックスを作って人を引きずりこむ。あらかじめ枠を作ってそこに人を押しこむ。ようするに作曲家の個人的な主張に人を巻きこむ」と述べている（高橋悠治「問いかけながら道をいく」『アルテスVOL. 01』アルテスパブリッシング、2011年、115頁）。ここで「ベートーヴェン以降」を仮に「近代以降」と捉えるならば、近代以降の作曲家たちは、クライマックスをもつ「構成」を司る主体として、「個人的な主張に人を巻き込む」存在として把握されているといえるだろう。そのことは、「秀でた才能をもつ音楽家が過去の作品を超える新たな作品を作ることで音楽史を推し進める」ということと表裏一体である。それこそが、後に3.1冒頭で述べる「発展史的な歴史」記述と結びつく。

19) 「ヨゼフ・アルバース」とも表記されるが、本論では「ジョセフ・アルバース」で統一する。
20) ブレンダ・ダニロウィッツ「ジョセフ・アルバースの教室で」、林寿美、亀山裕亮編『ジョセフ・アルバースの授業——色と素材の実験室』水声社、2023年、27頁。
21) 同上。
22) ジョセフ・アルバース「芸術の意味（1940年）」、亀山裕亮訳、同上書、275頁。
23) 亀山裕亮「1 バウハウス——素材の経済性（1919–1933年）」、同上書、42頁。
24) 同上。
25) 例えば本文中に挙げたような制作手段の変遷を経てもなお、現代において対位法や和声法といった古くからの作曲手法がさまざまに用いられている。このことは、「何を」に左右されない「どのように」が制作を維持するうえで肝要であることを示唆しているともいえる。
26) ニコラス・クック『音楽とは——ニコラス・クックが語る5つの視点』福中冬子訳、音楽之友社、2022年、9頁。
27) 岡田暁生『西洋音楽史——「クラシック」の黄昏』中央公論新社、2005年、4頁、中公新書1816。
28) 同上書、5頁。
29) 「ミュージッキング」については、クリストファー・スモールの著書『ミュージッキング——音楽は〈行為〉である』（野澤豊一、西島千尋訳、水声社、2011年）を参照されたい。
30) クック、前掲書、13頁。
31) 蟹江、前掲書、vii-viii頁。
32) ホイジンガ『ホモ・ルーデンス』高橋英夫訳、中央公論新社、2019年、30–31頁、中公文庫ホ1-7（初版は1973年、本稿では2019年の改版を参照した）。
33) 同上書、35頁。
34) 西村清和『遊びの現象学』勁草書房、1989年、287頁。
35) ロジェ・カイヨワ『遊びと人間』多田道太郎・塚崎幹夫訳、講談社、1990年、27頁、講談社学術文庫920。
36) 西村、前掲書、152頁。強調は筆者による。
37) 同上書、25頁。
38) クリスチャン・ウォルフ他、小林康夫編『現代音楽のポリティックス』水声社、1991年、157頁。
39) 同上書、158頁。
40) 同上。
41) 同上。
42) ここでAI作曲についても少々触れておきたい。昨今AIによる作曲ツールが広く行き渡り、特別な技能がなくとも簡単に作曲することができるようになっている。例えば「FIMMIGRAM」〈https://fimmigrm.com/〉（2024.6.30アクセス確認）や「CREEVO」

〈https://creevo-music.com/〉（2024.6.30アクセス確認）といった手段を用いると、調性やBPM、歌詞などいくつかの要素を選択することで、自動的に曲が生成される。
　注意すべきは、あらかじめ設定された諸条件をインプットすることにより作曲を行うということである。つまりその条件はあらかじめ誰か他者により選択され構築されたものであり、作曲する側はその中から選ぶ形となっている。自ら条件を設定することはできず、他者により設定された諸条件の中から選択することで組み合わせが生まれ、作品が出来上がる。このような場合、どこに「遊び」を見出せるであろうか。また、もしもそのようなプログラムを自身の手により一から構築した場合においても、「選択しなかったものを選択する」「失敗する」「つい出来心でいつもと異なる選択をする」といった行為それ自体、タスクとして制作システムに設定し取り込んだ時点でそれ自体「予測可能」で「確立されたタスク」となるであろう。そこに遊びの隙を取り込むことは難しいのではないだろうか。

43）亀山「たゆみなき探究の軌跡──ジョセフ・アルバースの授業と制作」、前掲書、14頁。

第 9 章

日本文学 × SDGs
―― 『枕草子』の「聖代」観 ――
中宮定子と藤原伊周による一条天皇の教導

　清少納言『枕草子』の第二一段や第二九五段には、中宮藤原定子やその兄、藤原伊周(これちか)が若き日の一条天皇を教え導いたことで、学問や文化の重視される「**聖代**」が実現したと記されている。定子と伊周、清少納言は、漢詩文と和歌という、ジェンダー論でいえば〈男性性〉と〈女性性〉に振り分けられる〈漢〉と〈和〉、〈公〉と〈私〉の両文化を横断的に用いた人物であるが、一条天皇の教導に限っては、定子が〈女性〉的な和歌文化を伝え、伊周が〈男性〉的な漢詩文や学問を伝えるなど、明らかに担当範囲が分けられている。このことは、一条天皇の後見である**中関白家**(なかのかんぱく)において、定子が娘で**中宮**、伊周が後継者で将来の**関白候補**というそれぞれの役割を分担しながら、一条天皇の「聖代」を総合的に支えたことを示すであろう。

1. はじめに

　清少納言の『枕草子』には、中宮藤原定子が中宮女房たちと共に宮廷文化を盛り上げ、一条朝を「聖代」として輝かせたことが描かれている。
　「聖代」とは、模範とすべき聖天子の治世をいう。特に、村上朝から一条朝にかけては、過去の醍醐天皇の治世「延喜」と村上天皇の治世「天暦」を天皇が学問を好み、学者を重用したことで文化が隆盛した「聖代」と位置づけて、当代も醍醐天皇や村上天皇の事績を継承した「聖代」なのだと讃える「延喜天暦聖代観」が紀伝道出身の文人たちによって形成された[1]。
　『枕草子』においても、定子が積極的に村上朝の和歌文化を再現し、継承するさまが描かれている。それは、定子、ひいては中関白家の一条朝における存在意義を強調する意味があると指摘されてきた[2]。また、『枕草子』の

冒頭三段には、醍醐朝に成立した『古今和歌集』の政教主義的な観念に基づきながら、「聖代」の証拠である四季の順行や天地人の調和が語られ、その世界観をもって『枕草子』が始められることから、作品全体に一条天皇の治世を讃美する意識があるとみなされてきた[3]。

近年では、これらを統合して、「聖代」の主体として讃美されるのは一条天皇のみでなく、一条天皇と中宮定子の一対であり、また、定子と清少納言のように女性が漢詩文で意思を示す方法は、村上朝にはすでに存在しており、それを継承したという説[4]、定子と清少納言は、一条天皇が直系の祖父である村上天皇のみでなく、父である円融天皇の和歌文化を継承するなかで、円融朝を支えたそれぞれの父、藤原道隆と清原元輔の功績をも継承したという説が唱えられている[5]。

そもそも、『枕草子』には、定子と清少納言が漢詩文と和歌や身振りを臨機応変に使い分けて、女性同士で、あるいは、男性貴族たちと洒落た応酬を楽しむ様子が描かれている。ジェンダー論の立場からは、『枕草子』の作中人物が〈男性性〉と〈女性性〉に振り分けられてきた漢詩文と和歌、〈漢〉と〈和〉、〈公〉と〈私〉の両文化を使い分け、「越境」していると指摘されてきた[6]。また、〈和〉に代表される後者は、〈漢〉に代表される前者を不断に受容してきたため、両概念は明確には区分できないことが日本美術史学や[7]、最近の日本史学における「国風」概念の見直しから指摘されている[8]。先に紹介した近年の『枕草子』「聖代」論においても、〈漢〉の女性による継承や、父から息子のみでなく娘への継承に注目する点に、これらの成果が踏まえられているといえよう[9]。

以上の論をもとに、本論では『枕草子』の「聖代」は、中宮定子と清少納言が摂関家の娘と女房として、さらに、定子の兄、藤原伊周が摂関家の後継者として一条天皇を教え導くことによって現出したこと、そして、各人が前掲の両分野を横断的に用いて、総合的に「聖代」を支えたことを明らかにする。

2. 漢詩文と和歌、漢字と仮名：
〈漢〉と〈和〉、〈公〉と〈私〉、〈男性性〉と〈女性性〉

2.1

　本論の前提として、漢詩文と和歌、そして、漢字と仮名、〈漢〉と〈和〉、〈公〉と〈私〉が〈男性性〉と〈女性性〉に振り分けられてきた経緯を、日本語・日本文学史から確認したい。

　西暦400年頃、日本は東アジアにおいて圧倒的な大国であった中国から、国家体制である律令制や学問、文化、芸術、思想、そして、それらを記述する漢字漢文を輸入する。それによって、公的文書は漢字漢文で記され、文学も漢詩文が第一位とみなされた。ただし、音声面、すなわち、元の音声言語としての日本語が重要な固有名詞は、漢字の発音を借りて表記された。8世紀前半の『古事記』『日本書紀』がそれに該当する。8世紀後半には、和歌集の『万葉集』が編まれ、漢文表記に混じって、歌の全音節をそれぞれ一字で表した一字一音表記が用いられるようになる。この表記を万葉仮名と呼ぶ[10]。

　漢詩文を国家の文化水準の指標とする考え方は、『万葉集』と同時期に編まれた漢詩集の『懐風藻』にもみえるが、9世紀初頭、唐化政策の推進と連動して、さらに強化される[11]。嵯峨天皇の主導によって、宮廷詩宴の場である宮廷行事が整備され、大学寮において中国文学・史学の学科である紀伝道が優遇されることで、漢詩文が大量に制作された。『凌雲集』『文華秀麗集』『経国集』のいわゆる勅撰三漢詩文集が立て続けに編まれ、漢詩文が公的文学としての地位を確立する[12]。

　この頃、和歌は、恋の媒介などの私的な役割に押し込められるものの（『古今和歌集』「仮名序」）、日常的に書き記されることで文字が草体に崩され、草仮名となる。

　和歌復興の兆しがみえるのは、9世紀中頃である。天皇の外戚として人臣

初の太政大臣、および**摂政**となった藤原良房は、自邸において詩宴を開催する一方、仁明天皇の四十賀においては長歌、追善供養においては漢詩と和歌を奉らせた。また、良房の後見した藤原北家出身のキサキたちの後宮は、いずれも和歌が盛んで、文化の発信源となった[13]。これらは総合的には、和歌が『万葉集』以来、ようやく公的な舞台に戻ってきた証拠と捉えられるものの、天皇の算賀や追善供養は天皇家の家族行事であり、後宮は天皇のキサキたちの空間であるため、私的で女性文化的な色彩が強いといえる。

そして、この頃、草仮名をさらに崩した平仮名が現れる。なお、片仮名はそれに先立って、漢文訓読の振り仮名や送り仮名を記すために、漢字を省画して速書きするなかで生まれた。

次いで、9世紀末には、宇多天皇の主導によって、漢詩文と和歌の両方が、その催し物である宮廷詩宴や歌合と共に盛り上がる。漢詩と和歌を併録した『新撰万葉集』や『句題和歌』のような、〈漢〉と〈和〉の往還的な享受や表現の学び合いが行われた。

これらを受けて、10世紀初頭、醍醐天皇の時代には、初めての勅撰和歌集であり、初めての仮名文学でもある『古今和歌集』が編纂される。この『古今和歌集』は、後世、王朝文化の規範として権威化、理想化された。また、仮名によって音声を自由に記せるようになったことで、物語や和文の日記、私家集が生み出される。作者は当初、男性が多かったが、徐々に女性が増えていった。

10世紀中頃、村上天皇の時代には、第2代の勅撰和歌集『後撰和歌集』が編纂される。この『後撰和歌集』は、村上天皇を戴く関白藤原師輔（もろすけ）による私撰集的な意味合いが強く[14]、ここに至って和歌が摂関家による後宮文化として花開いたといえる。一方で、村上天皇は、東宮時代に漢詩の総集『日観集』（散逸）を編纂させたほか、自ら漢詩文を熱心に制作し、在位の後半は公宴のみでなく、私的な詩宴を頻繁に開催している[15]。この時期においても、公的な文学の第一位は、依然として漢詩文であった[16]。

2. 漢詩文と和歌、漢字と仮名：〈漢〉と〈和〉、〈公〉と〈私〉、〈男性性〉と〈女性性〉

2.2

　以上のように、漢字と仮名、漢詩文と和歌・和文が出そろったことで、〈漢〉と〈和〉、〈公〉と〈私〉にまで及ぶ、ジェンダー区分と呼称が登場する。「男文字」「男手」と「女手」である。

　935年頃成立の『土佐日記』承平五（935）年正月二十日条には、漢字を「男文字」、974年頃成立の『蜻蛉日記』巻上には、平仮名を「女手」、970～999年頃成立の『うつほ物語』「国譲上（くにゆずり）」には、漢字を「男手」と呼ぶ例がみられる。なお、「女文字」は、かなり時代が下って、1703年成立の『誹諧広原海（わたつうみ）』第九編に「男もすとは土佐日記女文字」と『土佐日記』冒頭文のパロディとして登場する。「公的文書や男性日記に使用する漢字を真名＝男手、私的文書や物語に使用する平仮名を仮名＝女手」と呼び、書き手の性別ではなく、書体や書かれた内容、分野による呼称であることが注目される[17]。

　天皇など支配層の男性たちは、両方を使い分けて、〈漢〉と〈和〉、〈公〉と〈私〉、〈男性性〉と〈女性性〉を自由に行き来し、さらに、仮名や和歌、〈女性性〉を男性側の支配的な価値観として用いたのに対して、女性たちは、特例を除いては「女手」に閉じ込められた[18]。

　このように、越境が許されたのは、限られた範囲の限られた方向のみである。例えば、和歌や和文においては、男性、女性ともに越境が行われたうえに、評価もされていた。在原業平による女歌、紀貫之による女性仮託の『土佐日記』、小野小町による漢詩文を踏まえた和歌、伊勢の男歌、藤原道綱母や和泉式部による身内男性の代作、および詠作補助などである。ただし、男性側からの越境、すなわち、男性による女性文化の巧みな運用は、単に評価されたのみでなく、理想視された点に注意したい[19]。

　それに対して、漢詩文への女性側からの越境は、公的な世界への侵入とみなされるようになっていった。9世紀初頭の時点においては、嵯峨天皇皇女の有智子内親王などの優れた女性漢詩人が存在した。そして、内裏の女官など公的な立場にあった、限られた少数の女性たちは、公的文書を理解

し、その作成に携わった可能性もあった。一般的な女性たちも、漢文で記された仏典を日常的に読み、文書に自著する程度には漢字の読み書きができた[20]。しかし、徐々に人前ではそれを隠すべきという価値観が広まっていったという。

その観念がやや変化したのが、本論で取り上げる一条朝である。専門の文人たちの感覚とは別に、漢詩文が男性貴族社会において「優美を競うための一種の芸能、貴族の特技」として「私的・遊興的」に流行し、私的な世界に持ち込まれた。漢詩文の佳句や故事に基づいた会話がお洒落とみなされ、女性が応対することも賞讃された[21]。それが『枕草子』に記された定子や清少納言との女性同士の、あるいは男性貴族たちとの応酬である。特に、清少納言の機知は、男性貴族から驚きと興味をもって受け止められた。ただし、一方で旧来の価値観も残っており、それが紫式部を縛り、苦しめた。

それでは、定子と清少納言、そして藤原伊周は、漢詩文と和歌、〈漢〉と〈和〉、〈公〉と〈私〉、〈男性性〉と〈女性性〉において、一条天皇とどのように関わっていったのであろうか。次節以降、具体的に検討したい。

3. 中宮定子と一条天皇：和歌文化、後宮文化、女性文化

中宮定子が一条天皇を教え導いたとみなせる場面が、第二一段「清涼殿の丑寅の隅の」にある。

この段は、正暦五（994）年春と推定される時期、清涼殿の東広庇(ひろびさし)の北端に置かれた荒海の障子の手長足長が憎まれ役となっていることと、青磁の大甕に生けられた満開の桜のもと、桜襲(さくらがさね)の直衣(のうし)をまとった大納言藤原伊周の華麗な様子を描くところから始まる。伊周は一条天皇が食事のため昼の御座(おまし)に移動したのち、天皇と定子による太平の世がいつまでも続くことを願う和歌を吟詠して、賞讃されたのであった。

一条天皇が食事から戻ると、定子は女房たちに墨をすらせ、白い色紙を差

3. 中宮定子と一条天皇：和歌文化、後宮文化、女性文化

し出して、何か古い和歌を書けと命じた。みな緊張してなかなか書き出せなかったが、ようやく 2、3 首が提出された。清少納言は『古今和歌集』巻第一・春歌上・52、摂政・太政大臣の藤原良房が娘の文徳天皇女御、明子（あきらけいこ）を桜に喩え、その出産を言祝（ことほ）いだ「年ふればよよひはおいぬしかはあれど花をし見ればものおもひもなし」の「花」を「君」に書き換えて定子を讃え、合格点をもらった。

清少納言は、実はこの和歌を思いついた時点で、良房と同じくキサキの後見である伊周こそ提出者に相応しいと、色紙を渡そうとしたが[22]、伊周からは「をのこは言加（こと）へさぶらふべきにもあらず」と断られていた。この伊周の言葉は、先の吟詠と合わせて注目されるため、あとで考察したい。

定子はこの和歌をきっかけにして、円融朝の故事を語り出す。一条天皇の父、円融天皇も同じく、殿上人たちに和歌を求めたことがあった。みな気後れしてしまい、重ねて催促されてようやく提出するなか、定子の父で、当時、まだ三位（さんみ）の中将であった藤原道隆は「しほの満ついつもの浦のいつもいつも君をばふかく思ふはやわが」（出典未詳歌）の末句の「思ふ」を「たのむ」に書き換えて、見事に天皇への忠誠を示し、大層褒められたという。

次いで、定子は『古今和歌集』の冊子を開き、しばらくの間、和歌の上の句を読み上げて、女房たちに下の句を答えさせた。そののち、村上朝の『古今和歌集』に関する故事を語り出す。

　　村上の御時に、宣耀殿（せんえうでん）の女御〈女御藤原芳子〉と聞えけるは、小一条の左の大殿（おほいどの）〈左大臣藤原師尹（もろまさ）〉の御むすめにおはしけると、誰かは知りたてまつらざらむ。まだ姫君と聞えける時、父大臣の教へきこえたまひける事は、「一つには御手を習ひたまへ。次には琴（きん）の御琴（おこと）を人よりことに弾きまさらむとおぼせ。さては古今の歌二十巻（はたまき）をみな浮かべさせたまふを、御学問にはせさせたまへ」となむ聞えたまひけると聞しめしおきて、……[23]

195

第9章　日本文学×SDGs

　村上天皇の時代、「宣耀殿の女御」藤原芳子は、父の左大臣藤原師尹（関白藤原実頼・師輔の弟）から「御手」書道、「琴の御琴」七絃琴、「古今の歌二十巻をみな浮かべさせたまふ」、『古今和歌集』全二十巻の和歌全首の暗誦を「御学問」にせよ、という教育を受けていた。

　ある物忌みの日、村上天皇は芳子を試す。宣耀殿に『古今和歌集』の冊子を持ち込み、詞書と作者から和歌を答えさせようとしたのである。

　　御物忌なりける日、古今を持てわたらせたまひて御几帳を引き隔てさせたまひければ、女御「例ならずあやし」とおぼしけるに、草子をひろげさせたまひて、「その月、何のをりぞ、人の詠みたる歌はいかに」と問ひきこえさせたまふを、「かうなりけり」と心得たまふもをかしきものの、「ひが覚えをもし、忘れたる所もあらばいいじかるべき事」と、わりなうおぼし乱れぬべし。その方におぼめかしからぬ人、二三人（ふたりみたり）ばかり召し出でて、碁石して数置かせたまふとて、強ひきこえさせたまひけむ程など、いかにめでたうをかしかりけむ。御前にさぶらひけむ人さへこそうらやましけれ。

　　せめて申させたまへば、さかしうやがて末まではあらねども、すべてつゆたがふ事なかりけり。「いかで、なほすこしひがごと見つけてをやまむ」と、ねたきまでにおぼしめしけるに、十巻（とまき）にもなりぬ。「さらに不用なりけり」とて、御草子に夾算（けふさん）さして大殿籠（おほとのごも）りぬるも、まためでたしかし。

　　いと久しうありて起きさせたまへるに、なほこの事、勝ち負けなくてやませたまはむ、いとわろしとて、下（しも）の十巻を明日にならば異をぞ見たまひ合はするとて、今日さだめてむと、大殿油（おほとなぶら）まゐりて夜ふくるまで読ませたまひける。されど、つひに負けきこえさせたまはずなりにけり。「上（うへ）わたらせたまひて、かかる事」など、殿〈藤原師尹〉に申しに奉られたりければ、いみじうおぼしさわぎて御誦経（みずきやう）などあまたせさせたまひて、そなたに向きてなむ念じくらしたまひける、すきずきしうあはれなるこ

196

3. 中宮定子と一条天皇：和歌文化、後宮文化、女性文化

となり[24]。

　芳子は、前半の十巻分を終えても間違えなかった。村上天皇はいったん床に就いたが、やはり今日中に勝敗を決したいと起き出す。夜更けまで後半の十巻分についても答えさせたが、芳子は間違えなかった。その間、事情を伝え聞いた芳子の父、師尹は、読経を依頼までして、内裏に向かって祈り続けたという。
　この第二一段は、その後、逸話を聞いた一条天皇や中宮女房、天皇付き女官が活発に意見や感想を述べ、それを導いた定子後宮の自由で文化的な雰囲気が讃美されて、終幕する。

　　など〈定子ガ〉語り出でさせたまふを、上〈一条天皇〉も聞しめし、め
　　でさせたまふ。「我は三巻四巻だに、え見果てじ」と仰せらる。「昔はえ
　　　　　　　　　みまきよまき
　　せものなども、みなをかしうこそありけれ」「このごろは、かやうなる
　　事やは聞ゆる」など、御前にさぶらふ人々、上の女房こなたゆるされた
　　るなどまゐりて、口々言ひ出でなどしたる程は、まことにつゆ思ふこと
　　なく、めでたくぞおぼゆる[25]。

　この段において定子が語った逸話は全て、円融朝における父、藤原道隆の活躍も含め、摂関家出身のキサキとその後見の男性が和歌に秀でており、天皇のもと協力して和歌文化を振興した話である。前節において紹介したように、和歌文化は摂関家が牽引しており、この第二一段も、中宮定子が芳子と同じく摂関家の娘として天皇を支え、共に『古今和歌集』という「王朝文化の権威」の継承に努めたことを示している[26]。
　注目されるのは、一条天皇が村上天皇と芳子の逸話を聞いて、自分ならば三・四巻でさえ見届けられない、とやや未熟な部分をさらけ出して、素直に感心している点である。当時、一条天皇は15歳、定子は19歳、そして、伊周は21歳である。一条天皇は即位からすでに 8 年たっているものの、この

段には素直な生徒役として登場する。

　この講話は、定子の中宮女房たちへの問いかけに始まるため、女房教育の意図をもつものであったと考えられるが、隣で聞いていた一条天皇への天皇教育をも果たしたといえよう。一条天皇は逸話内で試問された側の芳子でなく、試問した側の村上天皇に自身を重ね、教訓を読み取っている。

　定子は、王朝文化の粋である『古今和歌集』に関する、しかも、摂関家が和歌文化の発展に貢献した村上朝の知っておくべき逸話、すなわち、天皇と摂関家出身のキサキ、後見の男性の協力体制を表す輝かしい先例を一条天皇に伝授したといえよう。ここには、一条天皇を教導する定子、定子から学習する一条天皇、という関係性が読み取られる。

　天皇教育の意味があるとすれば、ここで目指されているのは、逸話中の村上天皇のように、摂関家の娘、キサキの領分である和歌文化をも統べ、後宮を領導する「聖代」の天皇であろう。想起されるのは、『大鏡』「昔物語」の村上天皇が和歌的な伝統に根差した「私的・女性的・情緒的」な造形であり、醍醐天皇の「儒教を思想的基盤とする公的・男性的・政教的な文化領域を担」う造形と対照的に配置されつつ、「聖帝」として理想視されている、という指摘である[27]。この『枕草子』第二一段において理想とされる天皇も、同じく、和歌文化を身に付けているばかりか、最も和歌文化に詳しいはずの摂関家の娘をも知識や情緒面で上回り、教導できるような天皇ではなかろうか。

　ここで気になるのは、定子が漢詩文の教養をも備えている点である。清少納言など女房たちとの関係においては、定子は漢詩文の佳句や故事に基づく問答を仕掛けるなど、漢詩文の教養が目立つのに対して、この一条天皇の教導においては、後宮の和歌文化を伝える摂関家の娘という役割に徹している。

　興味深いことに、定子の漢詩文の教養は、母方から受け継がれている。母方の祖父、高階成忠（なりただ）は学者として名高く、一条天皇の東宮学士や侍読を務め、式部大輔となった。『栄花物語』巻四・巻五においては、祈禱や呪術への狂信というかたちではあるものの、高階氏の血筋から初めての天皇を出そうと、懸命に定子を支える姿が描かれていた。また、成忠の娘で定子の母、高階貴

子は、かつて高内侍（こうのないし）と呼ばれ、円融天皇の掌侍（ないしのじょう）として内裏に勤務したため、漢文の読み書きができた。『大鏡』「道隆伝」においては、天皇主催の作文会に漢詩を奉ったとも伝えられている。

　それに対して、『枕草子』には、貴子やその兄弟の明順（あきのぶ）は登場するものの、定子はあくまで父方の、中関白家の娘として描かれる。特に、この段においては摂関家の娘として、また、後宮の主宰者である中宮として、和歌文化の教授を通して一条天皇や女房たちを導いている。定子はいわば、和歌文化や後宮文化、そして、女性文化の体現者として造形されている。

　定子のこの造形は、伊周の造形と比較するとより際立つ。伊周はこの段の冒頭において、一条天皇が不在の間に、和歌の吟詠によって天皇と定子の御代を讃美していた。先の構図に当てはめれば、摂関家におけるキサキの後見男性に相応しく、和歌文化によって一条朝に貢献していると解釈できよう。

　しかし、伊周は定子の試問に際しては、和歌を提示しない。色紙を差し出した清少納言に対して、「をのこは言加へさぶらふべきにもあらず」と、自身が男性であることを理由に断っていることは注意される。伊周の発言は、直接的には、中宮による女房教育という女性の領分に、男性である自分が口を挟むべきではない、という意味である。すなわち、ここでは、和歌文化や後宮文化は摂関家の後見男性よりも、中宮や女性文化と結び付くものとみなされている。和歌文化が中宮や女性文化に属するものとして扱われており、定子がその統括者とみなされているといえよう。

　また、この場に一条天皇が同席していることの意味も大きい。この段の冒頭において伊周が和歌を吟詠した際、一条天皇は不在であった。一条天皇の御前では、そして、天皇教育という目的に際しては、伊周は和歌文化と後宮文化を女性文化とみなし、その伝授役、教授役を定子に譲っている。

　さらに、先回りになるが、次節で取り上げる第二九五段においては、伊周が一条天皇に漢詩文や学問を教える姿が記されている。このことは、同じ摂関家、中関白家の者による天皇教育が、漢詩文と和歌、男性文化と女性文化とに、明確に分担されていることを意味する。

このように、定子は、摂関の娘で後宮の主宰者である中宮として、一条天皇に『古今和歌集』をめぐる円融朝や村上朝の和歌文化、後宮文化、女性文化を伝授し、導く役割を果たしているといえよう。

4. 藤原伊周と一条天皇：漢詩文と学問

第二九五段「大納言殿まゐりたまひて」は、第二一段と同じ正暦五（994）年の夏、内大臣になる直前の大納言藤原伊周が一条天皇に漢詩文を進講する話である。

　　　　大納言殿〈伊周〉まゐりたまひて文〈漢詩文〉の事など奏したまふに、例の夜いたくふけぬれば、御前なる人々日一人二人づつ失せて、御屏風、御几帳の後ろなどにみな隠れ臥しぬれば、〈清少納言ハ〉ただ一人ねぶたきを念じてさぶらふに、「丑四つ」〈午前二時半頃〉と奏すなり。（中略）
　　　　上の御前〈一条天皇〉の、柱に寄りかからせたまひて少しねぶらせたまふを、〈伊周〉「かれ見たてまつらせたまへ。今は明けぬるに、かう大殿籠るべきかは」と申させたまへば、〈定子〉「げに」など宮の御前にも笑ひきこえさせたまふも知らせたまはぬほどに、長女〈女房の名〉が童の鶏をとらへ持て来て、「あしたに里へ持て行かむ」と言ひて隠しおきたりける、いかがしけむ、犬見つけて追ひければ、廊の間木に逃げ入りておそろしう鳴きののしるに、皆人起きなどしぬなり。上もうちおどろかせたまひて、「いかでありつる鶏ぞ」などたづねさせたまふに、大納言殿の「声、明王のねぶりをおどろかす」といふ言を高ううち出だしたまへる、めでたうをかしきに、ただ人のねぶたかりつる目もいと大きになりぬ。「いみじきをりの言かな」と、上も宮も興ぜさせたまふ。なほ、かかる事こそめでたけれ[28]。

伊周の進講は、いつものように深夜に及び、女房たちも隠れて眠るほどであった。午前２時半を過ぎ、夜明けまで間もなくの頃、一条天皇も柱に寄りかかって居眠りしていた。伊周は定子に、帝ならば夜明けから政務に励むはずなのにお休みになっているね、と冗談を言いながら見守っていた。すると、女童の鶏が犬に追いかけられて鳴き騒ぎ、一条天皇が目を覚ました。伊周はすかさず「鶏人暁唱／声驚明王之眠（鶏人暁に唱ふ／声明王の眠りを驚かす）」（『和漢朗詠集』巻下・禁中・524、『本朝文粋』巻三・都良香・対策「漏刻」）、夜明けを告げる官人「鶏人」の声が賢明な帝王の眠りを覚ました、帝王は政務に就かれるのであろう、という佳句を朗詠したため、一条天皇は感心して定子と共に興じた。進講をめぐる微笑ましい場面である。

　なお、翌日の夜は、一条天皇が定子を清涼殿の御寝所に召して、進講を休んだものの、伊周は特にそれを咎めず、定子に随伴してきた清少納言を登花殿の局まで送り、前夜と関連する佳句をまた見事に朗詠した。

　この段において注目されるのは、まずは、伊周が一条天皇に漢詩文を進講していたことである。伊周は『本朝麗藻』に15首もの漢詩が収められる上位入集者である一方、『大鏡』「道隆伝」においては「この殿も、御才日本にはあまらせたまへりしかば、かかることもおはしますにこそはべりしかば」、秀抜な学才が災いして失脚した、と位置づけられる人物である[29]。

　そして、伊周による漢詩文の進講に伴って、第二一段よりもさらに一条天皇の幼さが描かれる点と、一条天皇と伊周、定子の私的で親密な家族関係が強調される点にも注目したい。

　はじめに、一条天皇の漢詩文をめぐる幼さの描写について考える。一条天皇といえば、同時代や後世において、学問や漢詩文に優れた天皇として名高く、この段の印象からは程遠い。

　総合的な評価としては、院政期の大江匡房（まさふさ）による以下の資料が有名である。『続本朝往生伝』には「叡哲欽明、広長万事。才学文章、詞花過人、糸竹絃歌、音曲絶倫（叡哲欽明にして、広く万事に長（すぐ）れたまへり。才学文章の、詞花人に過ぎ、糸竹絃歌の、音曲倫（ともがら）に絶（すぐ）れたり）」[30]と、学問と漢詩文、管絃の

才が讃えられ、さらに、「時之得人、也於斯為盛。…皆是天下之一物也（時の人を得たること、またここに盛となせり。…皆これ天下の一物なり）」[31]と、各分野において傑出した人材が多く輩出されたと記される。また、「詩境記」（『朝野群載』巻三）には「我朝起於弘仁承和、盛於貞観延喜、中興於承平天暦、再昌長保寛弘（我が朝は弘仁・承和に起こり、貞観・延喜に盛んに、承平・天暦に中興し、長保・寛弘に再び昌んなり）」[32]と、一条朝の長保・寛弘年間には漢文学が再興したと評価されている。

　実際、漢詩文については、一条天皇は村上天皇ののち三代を経て登場した、自ら漢詩文を制作する珍しい天皇であった。しかも、長保元（999）年からは、詩作を目的とする臨時の御前詩会を頻繁に開催している。ただし、その出席者は「属文の卿相」、すなわち、漢詩文を制作する大臣以下参議までの公卿を含む殿上人に限られ、地下人である下級貴族や文章生の会とは分割されるのであった[33]。この時期に漢詩が大量に制作されたことは、寛弘七（1010）年頃、一条朝の漢詩のみで『本朝麗藻』（高階積善撰）が編まれたことにも明らかである。また、これに先立って、長徳年間（995～998年）には、仁明朝から一条朝の前までの詩を集めた『扶桑集』（紀斉名撰）も編まれた。

　学問については、藤原行成『権記』長保二（1000）年六月廿日条の「主上寛仁之君、天暦以後、好文賢皇也（主上は寛仁の君にして、天暦以後、好文の賢皇なり）」、「所庶幾者、漢文帝・唐太宗之旧跡也（〈天皇ガ〉庶幾する所は、漢の文帝・唐の太宗の旧跡なり）」[34]と、一条天皇が村上天皇以来の「好文の賢皇」、学問に精励した天皇であり、その学問を政治に活かして中国の名君、漢の文帝や唐の太宗のような治世を目指した、と賞讃されている。

　これらは、『枕草子』第二九五段よりも後の例であるが、大江匡衡（大江匡房の曽祖父）の詩文には近い時期の例がある。正暦四（993）年正月十一日の奏状には、学者を要職に就けるのは「延喜天暦之故事」「周室漢家之遺風」である、としたのち、長らく停止されていた重陽宴や朝拝が再開されたことを「誇文道之已興（文道の已に興ることに誇り）」、「感聖代之復旧（聖代の旧に復することに感ず）」と激賞する表現がみえる（大江匡衡「請特蒙鴻

慈_因_准先例_兼㆗任申弁官左右衛門権佐大学頭等申_他官_替㆘状」『本朝文粋』巻六・160)。次いで、長徳二(996)年頃、長徳三(997)年、長徳四(998)年の詩文を中心に、一条朝が醍醐朝の「延喜」と村上朝の「天暦」を継承して「好文」、学問を好み、「用賢」、学者を重用する「聖代」である、と賞讃する言説が形成されたことが指摘されている[35)]。

　つまり、学問や漢詩文の文脈において、一条天皇を「聖代」の帝と讃える言説がつくられた、まさにその時期に、『枕草子』には、素直に進講を受ける一条天皇と、その天皇を親密な身内関係のもとで指導する伊周が描かれた。第二九五段は、伊周が一条天皇を漢詩文のみでなく、学問やそれを活かした政治のうえでも指導し、のちに「好文の賢皇」と讃えられるまで押し上げた、と描くに等しい。漢詩文や学問、そして政治面において、一条朝を「聖代」に導いた中心人物は伊周である、と讃美していると読み解ける[36)]。

　『枕草子』跋文にも、伊周による教導を窺わせる記事がある。

　　この草子、目に見え心に思ふ事を「人やは見むとする」と思ひて、つれづれなる里居(さとゐ)のほどに書きあつめたるを、あいなう人のために便(びん)なき言ひ過ぐしもしつべき所々もあれば、「よう隠しおきたり」と思ひしを、心よりほかにこそ洩り出でにけれ。
　　宮の御前〈定子〉に内の大臣〈伊周〉の奉りたまへりけるを、「これに何を書かまし。上の御前〈一条天皇〉には史記といふ文をなむ書かせたまへる」などのたまはせしを、「枕にこそは侍らめ」と申ししかば、「さは得てよ」とて給はせたりしを、あやしきをこよや何やと、尽きせずおほかる紙を書き尽くさむとせしに、いと物おぼえぬ事ぞおほかるや[37)]。

　ここに記されるのは、『枕草子』の執筆事情である。下線部には、定子のもとに伊周から紙が献上されたことに加えて、一条天皇のもとにも伊周から紙が献上され、すでに『史記』を書写させていることが語られる。

　『史記』は中国の正史であり、『漢書』『後漢書』とともに日本の官撰史書

の模範とされ、学問、特に史学の基本として学ぶ書物である。この『史記』に関しても、伊周から一条天皇に何らかの教育が施されたことを想像させる。一条天皇は、前年の正暦四年頃から成人天皇として本格的に政治に携わるようになったとみられ、それに関連して伊周の指導が行われた[38]。

　ただし、伊周が一条天皇の正式な師かというと、そうは考えにくい。実質的な師は、東宮学士であった高階成忠と、古典の講受を担当した大江匡衡であろう。一条天皇の学問関連行事をたどっても、担当者は菅原・大江といった累代の博士家の学者たちが中心で、ほかも少なくとも東宮時代から仕えてきた学者のみである[39]。

　そして、一条天皇の幼さの描写からは、もう一つ、天皇がかつて7歳で即位した史上最年少の幼帝であったことが想起される。この問題は、先に注目すべき点として挙げた、一条天皇と伊周、定子の親密な家族関係が強調されることに関連する。

　幼帝の即位とその後の政治においては、母方で筆頭貴族である摂関家の祖父や伯父・叔父などによる後見が必須である。一条天皇の場合は、母方祖父の藤原兼家が摂政・関白を務め、兼家が引退したのちは、兼家の長男で天皇の叔父、藤原道隆がその地位を引き継いだ。伊周は道隆の長男で、定子は道隆の長女であり、一条天皇とはいとこ同士でもある。

　道隆は伊周を内大臣まで引き上げたあと、さらに関白を譲ろうとしたが、それに準じる内覧までしか許されなかった。長徳元（995）年、道隆が亡くなり、関白を継いだ弟の道兼もわずか7日で亡くなると、その弟の道長と伊周の間で熾烈な権力争いが起こる。長徳二（996）年、伊周は花山院奉射事件や、国家鎮護のためにしか行えない太元帥法を私的に修したという噂によって官位を剥奪され、大宰権帥に左遷される。翌年、伊周は大赦により帰京し、寛弘年間には儀同三司という大臣に準じる位を得たものの、道長の勢力には及ばなかった。

　以上のように、伊周は実際には摂政・関白になれなかったが、第二九五段には、いかにその役割に相応しかったかが描かれているのではなかろうか。

この段は、正暦五年の夏（4〜6月）頃の出来事を記すが、同年の8月に内大臣に昇った伊周に次に期待されたのは、関白の地位であろう。

この時期は、前年から都に深刻な事態をもたらした、疱瘡（ほうそう）の第二次流行期であった。伊周が廟堂に精勤して、疫病対策に心を砕いていたことが指摘されている[40]。もし、伊周が日中は疫病対策、夜は一条天皇の指導に励んでいたのだとしたら、朝廷の後見としてこれ以上ない人物であろう。

伊周は、摂関家である中関白家の後継者として、祖父の兼家と父の道隆から受け継いだ一条天皇の後見としての任を果たすべく、一条天皇に政治の基盤となる学問や漢詩文を進講した。前節で論じた伊周の妹、中宮定子による和歌文化や後宮文化の伝授も、中関白家の娘、あるいは、中関白家出身の中宮という、後見のひとりとして一条天皇を導いていると位置づけられる。そして、一条天皇は、兼家とそれに続く道隆の中関白家の全面的な支援を受けて、史上最年少の幼帝として即位し、政治に臨んできた天皇である。この段において強調される一条天皇と伊周、定子の親密な家族関係は、一条天皇と中関白家の血縁や政治における緊密な紐帯を表すのではなかろうか。

この第二九五段において、伊周は中関白家の後継者、かつ、将来の関白候補という男性側の立場から、一条天皇に漢詩文や学問、政治を伝授し、「聖代」の天皇へと導く中心人物として描かれているといえよう。

5．清少納言と一条天皇：村上天皇と兵衛の蔵人、漢詩文と和歌

それでは、清少納言は、一条天皇の「聖代」にどのように関わっていたのであろうか。

第一七六段「村上の先帝（せんだい）の御時に」には、清少納言が理想としていたらしい、村上天皇と女蔵人（にょくろうど）である兵衛（ひょうえ）の蔵人による二つの逸話が記されている。女蔵人とは、殿上の雑用を務め、儀式にも奉仕した下級女官である。

一つめの逸話は、月の明るい晩に、村上天皇が様器に盛った雪に梅花を挿

して和歌を求めると、兵衛の蔵人が佳句で応じ、月並みな和歌よりも時宜に適っている、と賞讃された話である。

　　村上の先帝の御時に、雪のいみじう降りたりけるを様器に盛らせたまひて、梅の花をさして、月のいと明(あ)かきに、「これに歌詠め、いかが言ふべき」と兵衛の蔵人に給はせたりければ、「雪月花の時」と奏したりけるをこそ、いみじうめでさせたまひけれ。「歌など詠むは世の常なり。かくをりに合ひたる事なむ言いがたき」とぞ仰せられける[41]。

　兵衛の蔵人の返した佳句は、白居易の「琴詩酒友皆抛我／雪月花時最憶君（琴詩酒の友は皆我を抛(なげう)つ／雪月花の時に最も君を憶(おも)ふ）」（『白氏文集』巻五五・2565「寄_殷協律_」、『千載佳句』巻上・人事部・憶友・423、『和漢朗詠集』巻下・雑・交友・733）である。かつて江南で共に七絃琴を弾き、詩を詠じ、酒を飲んだ友人たちはみな散り散りになってしまった、雪月花を愛でる時節になるととりわけ君を懐しく思う、という意味で、ここでは天皇への敬慕を表す。

　二つめの逸話は、村上天皇が兵衛の蔵人を伴って殿上の間を訪れた際、火鉢の煙について説明を求めたところ、兵衛の蔵人が和歌でその用を果たした話である。

　　同じ人を御供にて、殿上に人さぶらはざりけるほど、たたずませたまひけるに、火櫃(ひびつ)に煙(けぶり)の立ちければ、「かれは何ぞと見よ」と仰せられければ、見て帰りまゐりて、
　　　わたつうみのおきにこがるる物見ればあまの釣してかへるなりけり
　　と奏しけるこそをかしけれ。蛙の飛び入りて焼くるなりけり[42]。

　兵衛の蔵人は、蛙が燠火(おきび)で焦げているという気味の悪い状況を、藤原輔相(すけみ)『藤六集』の「かへるの沖に出でて」という詞書をもつ俳諧歌「わたつうみ

5. 清少納言と一条天皇：村上天皇と兵衛の蔵人、漢詩文と和歌

のおきにこがるる物見ればあまの釣してかへるなりけり」によって、面白おかしくも風雅に表した。

　注目されるのは、第一に、兵衛の蔵人が村上天皇を相手に、漢詩文と和歌を自在に使い分けている点である。前掲の第二一段「清涼殿の丑寅の隅の」において摂関家の娘であるキサキが後宮文化、女性文化の象徴であったのとは対照的に、この兵衛の蔵人には漢詩文と和歌、〈漢〉と〈和〉の往還が許されている。

　第二に、村上天皇と兵衛の蔵人に、身分を超えた文化的な紐帯があったとみなせる点である。兵衛の蔵人が下級女官であるにもかかわらず、村上天皇はたびたび問答を仕掛け、対等なやりとりを行っており、お互いの教養や機知への信頼が窺える。

　「聖代」の文脈からは、第一七六段の二つの逸話には、天暦「聖代」の一端を担った下級女官の姿が描かれているといえる。天皇が優れているのみでなく下級女官にも、あるいは、下級女官にさえ、天皇に応じられるほどの教養と機知がある、すなわち、天皇の徳化が行き渡っている、という描き方である。また一方で、村上天皇こそ下の身分の者にまでよく目が行き届き、その文才を見出すことができている、身分にかかわらず意見を採用している、という「聖代」における適正な人事や学者の登用という枠組みで捉えることができる。

　このような村上天皇と兵衛の蔵人の関係こそが、清少納言の考える一条天皇と自身との理想的な関係であったのではなかろうか。第一七〇段に「女は内侍のすけ　内侍」とあるように、清少納言は、天皇の言葉を聞いて周囲に伝達する尚侍（ないしのかみ）や典侍（ないしのすけ）、掌侍（ないしのじょう）などの内侍全般を女性の望ましい生き方とする考えをもっており、それが定子の語る言葉やその様子を書き伝える使命につながっていると指摘されている[43]。一条天皇に対しても同様に、自身の言葉が少しでも役に立てば、と考えていたのではなかろうか。

　『枕草子』には、一条天皇が直接、清少納言に下問する話はみえないが、清少納言が男性貴族たちに返した佳句を一条天皇が聞きつけて高く評価し、

それを清少納言が伝え聞いて喜ぶ話は複数ある。

　例えば、第一〇二段「殿上より、梅の花散りたる枝を」は、長徳元（995）年正月から翌二年四月と推定される時期の話である。清少納言のもとに殿上の間から「梅の花散りたる枝」が届けられたため、大江維時（これとき）の「大庾嶺之梅早落／誰問粉粧（大庾嶺（だいゆうれい）の梅は早く落ちぬ／誰か粉粧を問はむ）」（『和漢朗詠集』巻上・春・柳・106）に基づいて「早く落ちにけり」と返したところ、殿上人たちは興趣を覚えたのか、斉唱したという。その経緯を一条天皇が聞きつけて、「よろしき歌など詠みて出だしたらむよりは、かかる事はまさりたりかし。よくいらへたる」と、通りいっぺんの和歌でなく佳句を返したのが気が利いていた、と褒めたという[44]。この一条天皇の褒め方は、第一七六段の村上天皇のそれに通じる。

　第一三二段「五月ばかり月もなういと暗きに」は、長徳四（998）年五月初めと推定される時期の話で、定子は職（しき）の御曹司（みぞうし）を仮の御所にしていた。新月の暗い晩に貴公子たちが騒々しく訪れ、黙って御簾に呉竹を差し入れてきたので、清少納言が竹を「此の君」と呼んだ王徽之（おうきし）（子猷（しゆう））の故事（『和漢朗詠集』巻下・竹・432・藤原篤茂「晋騎兵参軍王子猷／栽称此君／唐太子賓客白楽天／愛為吾友（晋の騎兵参軍王子猷／栽ゑて此の君と称す／唐の太子賓客白楽天／愛（う）して吾が友と為す）」、『世説新語』任誕篇）に因んで「おい、この君にこそ」と返したところ、貴公子たちは殿上の間で話題にしようと言いはやしながら帰ってしまった。それを「上も聞しめして興ぜさせおはしましつ」、一条天皇が聞いて興じたという[45]。

　前節までは、中関白家出身の中宮定子と、中関白家の後継者で将来の関白候補であった藤原伊周がそれぞれ、和歌や後宮という女性文化と、漢詩文や学問という男性文化を分担して、一条天皇を教え導き、「聖代」を支えたことを論じてきた。このように、定子と伊周においては、明確に文化上の〈女性性〉と〈男性性〉を分担する意識がある。

　それに対して、中関白家に仕えながらも女房である清少納言は、一条天皇との関係においては、村上天皇とその女官、兵衛の蔵人のように、漢詩文を

主として時に和歌と使い分けることによって、〈女性性〉と〈男性性〉、〈和〉と〈漢〉、〈私〉と〈公〉に加えて、身分の大きな差をも超えて文化的に連帯して、「聖代」を支えようとしていたといえる。

6. おわりに

　以上、『枕草子』第二一段や第二九五段、第一七六段を中心に、中宮定子、藤原伊周、清少納言が一条天皇にどのように関わり、「聖代」を文化的に支えたかを検討してきた。
　従来、定子と清少納言については、和歌による文化継承や漢詩文の自在な使い方が個別に取り上げられてきた。しかし、ジェンダー論を応用すると、定子と清少納言に加え、伊周による和歌や漢詩文の教導・貢献は、家族論理のもとで一条天皇を支える文化活動として位置づけられ、互いの有機的な関連が明らかになる。定子は摂関家である中関白家の娘であり、かつ、後宮の代表者である中宮として、村上朝における『古今和歌集』の継承という和歌と後宮における権威的な文化を〈和〉や〈私〉、〈女性性〉の立場から一条天皇に教え、導いている。藤原伊周は中関白家の後継者で、関白となるに相応しい者として、一条天皇に漢詩文や学問という政治に直結する文化を〈漢〉や〈公〉、〈男性性〉の立場から、ただし、家族的な親密さという〈私〉の立場を含みつつ教授している。そして、清少納言は、主に漢詩文を用いながら〈漢〉と〈和〉を行き来することで、〈女性性〉と〈男性性〉の両属性をもつ者として、一条天皇と身分の上下を超えて教養と機知によって紐帯を結んだ。
　このように、『枕草子』には、中関白家の一員や関係者である定子、伊周、清少納言がそれぞれの役割を分担して一条天皇を文化的に支え、「聖代」を各属性からくまなく、総合的に実現させた様子が描かれている。それは、天皇とその後見である摂関家の家族的なつながりを重視する立場から、定子こそが一条天皇のただ一人の中宮であり、伊周こそがただ一人の関白候補であっ

た時期を顕彰しているといえよう。

注

1) 聖代観に関する主な論考に、林陸朗「所謂「延喜天暦聖代観」の成立」（古代学協会編『延喜天暦時代の研究』吉川弘文館、1969年）、笹川勲「長保・寛弘聖代観の形成——藤原行成と大江匡衡の詩文から」（『むらさき』53、2016年）、出口誠「一条朝の「聖代」——平安朝漢文学における「聖代」の展開」（『中古文学』108、2011年11月）がある。特に、出口論は日中のテキストにおける「聖代」の用例、用法の変化を詳細に検討しており、有益である。
2) 竹内美智子「枕草子鑑賞」（『枕草子講座』2、有精堂出版、1975年）、河添房江「枕草子の喩」（『源氏物語表現史——喩と王権の位相』翰林書房、1998年、初出1988年）。
3) 日向一雅「枕草子の聖代観の方法——「陰陽の變理」の観念を媒介にして」（『源氏物語の準拠と話型』至文堂、1999年、初出1993年）。
4) 中島和歌子「『枕草子』の漢をめぐって」（『日本文学研究ジャーナル』15、2020年9月）。
5) 赤間恵都子「『枕草子』職御曹司章段と王朝文化」（『日本文学研究ジャーナル』15、2020年9月）。
6) 小森潔「〈性差〉を越えて——清少納言と中宮定子」（『枕草子 逸脱のまなざし』笠間書院、1998年、初出1996年）、同「枕草子の女／男——越境することば」（同書、初出1995年）。
7) 千野香織「日本美術のジェンダー」（『美術史』136、1994年3月）。
8) 小塩慶「"唐風文化"から"国風文化"へは成り立つのか」（有富純也編、磐下徹・十川陽一・黒須友里江・手嶋大侑・小塩慶『日本の古代とは何か——最新研究でわかった奈良時代と平安時代の実像』光文社新書、光文社、2024年）。
9) 中島（注4）論、赤間（注5）論。
10) 以下、日本語史については、山口明穂・鈴木英夫・坂梨隆三・月本雅幸『日本語の歴史』（東京大学出版会、1997年、第一章奈良時代・第二章平安時代）による。
11) 波戸岡旭「漢字文化圏の中の菅原道真」（『宮廷詩人菅原道真——『菅家文草』『菅家後集』の世界』笠間書院、2005年、初出2002年）。
12) 後藤昭雄「嵯峨天皇と弘仁期詩壇」（『平安朝漢文学論考』補訂版、勉誠出版、2005年、初出1970年）、同「宮廷詩人と律令詩人と——嵯峨朝詩壇の基盤」（同書、初出1979年）。
13) 以下、『古今和歌集』前後の和歌史については、鈴木宏子「『古今集』とその前後——平安時代前期」（鈴木健一・鈴木宏子編『和歌史を学ぶ人のために』世界思想社、2011年）、および、鈴木宏子「古今和歌集の文学史」（『王朝和歌の想像力——古今集と源氏物語』笠間書院、2012年、初出2009年）による。
14) 山口博『王朝歌壇の研究 村上冷泉円融朝篇』（桜楓社、1967年、「はじめに」、前篇「摂関家の歌人と家集」・序章「摂関家歌壇と私家集」、第一章「後撰和歌集の成立——梨

15) 滝川幸司「村上朝の文壇」(『天皇と文壇——平安前期の公的文学』和泉書院、2007年、初出2006年)。
16) 滝川幸司「儀式の場と和歌の地位——天徳内裏歌合をめぐって」(同上『天皇と文壇』、初出2002年)。
17) 服藤早苗「5-3 紫式部『源氏物語』と清少納言『枕草子』」(久留島典子・長野ひろ子・長志珠絵編『歴史を読み替える ジェンダーから見た日本史』大月書店、2015年)。ほか、女性を主軸においた日本文学史としては、後藤祥子・今関敏子・宮川葉子・平舘英子編著『はじめて学ぶ日本女性文学史【古典編】』(ミネルヴァ書房、2003年)がある。
18) 千野(注7)論。
19) 河添房江「平安女性と文学」(『性と文化の源氏物語——書く女の誕生』筑摩書房、1998年、初出1996年)。
20) 志村緑「平安時代女性の真名漢籍の学習——一一世紀ごろを中心に」(『日本歴史』457、1986年6月)。
21) 山本淳子「「真名書き散らし」ということ」(『紫式部日記と王朝貴族社会』和泉書院、2016年、初出1994年)、同「一条朝における漢詩文素養に関する社会規範と紫式部」(同書、初出2016年)。
22) 清少納言、河添房江・津島知明訳注『新訂枕草子 現代語訳付き』上・下(角川ソフィア文庫、KADOKAWA、2024年、上、41頁。第二一段、脚注21。
23) 同上書、上、44頁。以下、引用内の〈 〉内は筆者による。
24) 同上書、44-46頁。
25) 同上書、46-47頁。
26) 赤間(注5)論。
27) 秋本宏徳「『大鏡』〈昔物語〉における村上聖代——醍醐聖代との比較を通じて」(『中古文学』73、2004年5月)。
28) 『新訂枕草子』下、183-184頁。
29) 『栄花物語』巻第八には、伊周の学才に和歌の才をも含める。「これにつけても、帥殿世をつつましきものに思しまさる。……この年ごろ御歩きなかりつるほどに、古今、後撰、拾遺などをぞ、みなまうけたまへりける。それにつけてもなほ人よりけに、ことに御才のかぎりなければなりけり。」(439-440頁)、「帥殿もかたち、身の才、世の上達部に余りたまへりとまでいはれたまひつるが、……」(452頁)。
30) 『続本朝往生伝』、224頁。
31) 同上書、224頁。
32) 『朝野群載』、65頁。
33) 滝川幸司「一条朝の文壇」(『天皇と文壇』、初出1996年・2004年・2005年)。
34) 『権記』、212頁。

35) 出口（注1）論。
36) 下玉利百合子「世尊寺の花見（中）」（『枕草子周辺論』笠間書院、1986年、初出1981年）注26に、北山茂夫氏による教示として、一条天皇と定子と伊周のこの時期における親密な関係を寛弘期の漢詩文隆盛の「原点」とみなす見解が掲げられている。
37) 『新訂枕草子』下、201-202頁。下線は筆者による。
38) 東望歩「清少納言出仕の背景——正暦年間の一条後宮」（『中古文学』89、2012年6月）。
39) 一条天皇の学問関連行事とその担当者は以下のとおり。天元三（980）年六月一日の誕生にあたって選ばれた浴殿読書役は、菅原輔正と藤原忠輔（『御産部類記』巻十七・代々浴殿読書役例）。八月一日の親王宣旨による諱「懐仁」の献上は、大江斉光（『江吏部集』巻中・人倫部・76）。永観二（984）年、5歳の立太子において定められた東宮学士は、高階成忠（『公卿補任』寛和二〈986〉年）。寛和二（986）年、天皇は7歳で即位するが、同年の読書始における侍読は大江斉光、尚復は藤原忠輔（『江家次第』巻第十七・御読書始事）。古典の講授は、大江匡衡であり、『老子』『尚書』『毛詩』（漢の毛亨が伝えた『詩経』）『文選』『礼記』『白氏文集』といった代表的な漢籍が講義された（『江吏部集』巻中・人倫部・74・75）。特に、『白氏文集』については、一条天皇の命令によって匡衡が訓点を付したという（同75）。これらは、倉本一宏『一条天皇』（人物叢書新装版、吉川弘文館、2003年）を参照し、各資料を確認した。

なお、下玉利百合子「〈伊周像〉二つの選択に惑う——二九五段「明王の眠」をめぐって」（雨海博洋編『歌語りと説話』新典社、1986年）は、高階成忠が正暦二（991）年に出家していることから（『公卿補任』同年）、正暦五年においては、伊周が成忠から役目を受け継いでいた可能性を指摘しているが、実質的な指導は上記の学者たちが担ったとみるのが妥当であろう。
40) 下玉利（注39）論。
41) 『新訂枕草子』下、53-54頁。
42) 『新訂枕草子』下、54頁。
43) 石坂妙子「「内侍」を演じる女房——〈書く〉清少納言の位相」（『平安期日記の史的世界』新典社、2010年、初出1999年）は、『枕草子』が「村上天皇に匹敵する後宮の主宰者へと定子を押し上げるような効果を果たしていた」とみなしている。
44) 『新訂枕草子』上、190頁。
45) 『新訂枕草子』上、226-228頁。

参考文献

大江維時撰『千載佳句』、金子彦二郎『平安時代文学と白氏文集——句題和歌・千載佳句研究篇』（復刻版）、藝林舎、1977年、原版1955年
大江匡衡『江吏部集』、塙保己一編『群書類従』続群書類従完成会、1960年［訂正三版］、

1928年［初版］
大江匡房、井上光貞・大曾根章介校注『続本朝往生伝』、『往生伝　法華験記』日本思想大系、岩波書店、1974年
大江匡房、故実叢書編集部編『江家次第』（新訂増補）故実叢書、明治図書出版、1953年
紀貫之・紀友則・凡河内躬恒・壬生忠岑撰、髙田祐彦訳注『新版古今和歌集　現代語訳付き』角川ソフィア文庫、KADOKAWA、2009年
紀貫之、菊地靖彦校注・訳；藤原道綱母、木村正中・伊牟田経久校注・訳『土佐日記・蜻蛉日記』新編日本古典文学全集、小学館、1995年
宮内庁書陵部『御産部類記』上・下、図書寮叢刊、宮内庁書陵部、1981・1982年
黒板勝美・国史大系編修会編『公卿補任』1、新訂増補国史大系、吉川弘文館、1971年
清少納言、河添房江・津島知明訳注『新訂枕草子　現代語訳付き』上・下、角川ソフィア文庫、KADOKAWA、2024年
橘健二・加藤静子校注・訳『大鏡』新編日本古典文学全集、小学館、1996年
中野幸一校注・訳『うつほ物語』1～3、新編日本古典文学全集、小学館、1999～2002年
白居易、岡村繁『白氏文集』1～13、新釈漢文大系、明治書院、1988～2018年
藤原明衡撰、大曾根章介・金原理・後藤昭雄校注『本朝文粋』新日本古典文学大系、岩波書店、1992年
藤原公任撰、三木雅博訳注『和漢朗詠集　現代語訳付き』角川ソフィア文庫、KADOKAWA、2018年［再版］、2013年［初版］
藤原公任撰、佐藤道生校注；藤原基俊撰、柳澤良一校注『和漢朗詠集・新撰朗詠集』和歌文学大系、明治書院、2011年
藤原行成、渡辺直彦・厚谷和雄校訂『権記』史料纂集、続群書類従完成会、1978年
三善為康撰、黒板勝美・国史大系編修会編『朝野群載』新訂増補、国史大系、完成記念版、吉川弘文館、1964年
山中裕・秋山虔・池田尚隆・福永進校注・訳『栄花物語』1～3、新編日本古典文学全集、小学館、1995～1998年

※ジェンダー論から古典文学について考える場合は、本書の「おすすめ本リスト」に示した文献に加え、以下が案内役となる。
・原豊二・古瀬雅義・星山健編『「女」が語る平安文学——『無名草子』からはじまる卒論のための基礎知識』和泉書院、2021年
・「性差(ジェンダー)の日本史」展示プロジェクト編、国立歴史民俗博物館監修『新書版　性差(ジェンダー)の日本史』インターナショナル新書、集英社インターナショナル、2021年
・川村裕子『平安のステキな！女性作家たち』岩波ジュニア新書、岩波書店、2023年
・田渕句美子・新美哲彦編「特集・ジェンダーから見る〈作者〉——和歌と散文」、『日本文学研究ジャーナル』30、2024年5月

刊行に寄せて

所与、選択、そして想像すること
―― 今こそSDGsという国際的約束を前へ

　本書の主題である「持続可能な開発目標（SDGs）」――地球という惑星に住むすべての生命体（ヒトばかりではなく多種多様な動植物も含め）の生存に深く関わる・幅広いカテゴリーに及ぶ17の目標、目標達成のため具体化された169の個別目標から成る国際的合意――が、2015年の国連総会において全会一致（当時193加盟国・地域）で採択されたという画期的事実は、2022年2月のロシアのウクライナ侵攻による戦争や、2023年10月以来終わりの見えないパレスチナ・ガザ地区でのイスラエル軍による虐殺の継続をはじめ、ミャンマー、スーダン等、数え切れないほどの紛争が今なお止む手掛かりを見出せずにいる現実によって、搔き消されてしまっているかのようである。

　SDGsは、しかし、こうした現実に直面している〈いま〉だからこそ、幻想や諦念を理由に手放されてよい国際的約束として見て見ぬ振りが許されるものではない。むしろきわめてリアルで具体的な、21世紀の地球市民が目指すべき目標であることを、そしてそのための手がかりは私たちのライフスタイルの身近なところにあり、それゆえ小さな一歩を踏み出すことによって〈未来〉を手繰り寄せることができることを、本書は丁寧に、しかも幅広いカテゴリーを専門とする研究者たちが多様に論じている。その意味で本書は、入門的なわかりやすさを備えながらも、かつ、専門的探究への道標(みちしるべ)でもあるという稀有な書であり、本書の刊行を心から喜び、執筆者各位に、ことに編者鈴木詩衣菜准教授に敬意を表したい。

＊

　日々、私たちが直面する気候変動・地球環境激変に対するSDGsのプランの背景には長い歴史的な試行錯誤があり、その端緒の一つに、「自然は、沈黙した。うす気味悪い。鳥たちは、どこへ行ってしまったのか。……春が来

刊行に寄せて

たが、沈黙の春だった」[1]と記したレイチェル・カーソン『沈黙の春』（1962年）があることを思い起こす。ヒトにとって利用価値がある殺虫剤としてのDDTは、益虫も害虫も駆除し生態系の均衡(バランス)を大きく損ない、遂にはヒトにも害を及ぼすというカーソンの徹底した調査に基づく力強い警告は、環境保護と生態系の大切さを世界に促し、2001年のストックホルム条約で「残留性有機汚染物質POPs」に指定され、日本では「化学物質の審査及び製造等の規制に関する法律」に基づく「第一種特定化学物質」に指定され、製造と輸入が禁止されている。調査・研究に基づいた一つの確かな声は共鳴(レゾナンス)を呼び起こし、長い時間を要しても、無数の人々の協働(パートナーシップ)を経由して世界を変えうるという証しでもある。

＊＊

　他方、情報の氾濫する今日、一見すると情報は多様であり、「自由な選択の多彩さ」を約束する基盤であるかの錯覚を引き起こすが、しかし、受動的にスマホによる情報に触れている限り、あるいは何気なくPCを立ち上げるたび、コンテンツを発信する意図（多くの場合、利益獲得という欲望）とスキル、これを可能とする資金、これら3つの条件を手にしうる存在のみが発信可能な情報だけがスマホの狭い画面いっぱいに、またPCのコンテンツから目を逸らせる誘惑を伴って入れ替わり立ち替わり現れる。それゆえ「情報のマップ」は、上述の3条件をもつ強者の主張が独占的に映し出されるという意味できわめて偏っており、私たちが「知っていることが必要不可欠な」情報——スキルも資金もなく、窮状を訴える意図さえ喪失しているヒト、動植物の言葉・声——は不在の情報マップである。それゆえ、私たちがすぐにでも行動を起こさずにはいられなくするような・緊急性の高い・利益には結びつかないけれど重要な情報は、隠蔽され続けたままの「情報鎖国」を私たちは生きているのではないだろうか。

　本書が詳論するSDGsへの誘いは、「21世紀を生きる地球市民ならば知っていて当たり前の情報」へのアクセスへと促してくれる道標でもある。さらに、可能な限り偏りの少ない・フェアな情報マップを脳内でアップデートし

続けることが可能なのは、Non-Profit／非営利の、利益獲得を目的としない数多くの小集団や団体、NGO（非政府組織）をはじめとする国際組織が発信する情報へと、自らが主体的にアクセスすることによってである。

＊＊＊

　ところで、自分はなぜ、この時代に、この国に、この親のもとに生まれてきたのだろうか？こう自問せざるを得ない経験に遭遇したことはないだろうか。
　誰一人として、どの時代に、どの「国家」あるいはどの「地域」に、そしてどのような親のもとに生をうけるかは、選び取ることのできない「所与」として各々の「生」は始まっており、あまりにも当たり前であるこの事実はしばしば忘れがちだが、この問いほど重要で根本的な問いはないだろう。この問いには、正当な理由に裏付けられた「答え」などないばかりか、もし別の時代に、もし違う国・地域で、異なる親のもとに生まれていたならば？——というもう一つの問いと表裏一体をなしている。
　「もしパレスチナに生まれていたら？」「もし第二次世界大戦中に生まれていたら？」「もし自由のない・暴力に満ちた社会に生まれていたら？」——「生まれる」ということは「所与」だからこそ、「選択の余地」なく、たまたま、ある時代、ある社会の中へと生まれ落ちてくる、あるいは、生まれるはずの命が息の根を止められる、のである。それゆえ選択の余地なく始まっているどこかの他者の生存が、たまたま自分ではなかったというリアルを想像する想像力（イマジネーション）が、より開かれた地平への扉を開くために不可欠である。
　かつてアムネスティ・インターナショナル日本支部の初代支部長だった故中平健吉弁護士（元東京高裁判事）は、「人権とは想像力（イマジネーション）なのです」とある講演で語り、私は肩透かしを食らって理解できなかった。人権とは、もっと高尚で専門的知識を要するものだとの思い込みゆえに。
　しかし今、そのことの真実さを、私も語らねばならない。最愛の幼児が安心して温かい布団の中ですやすやと眠る姿を見ながら、同じ年頃の幼児が爆音の絶えない、冷たいコンクリートの上で、今、眠っているかもしれない、と想像（イマジン）する（しかし残念ながら、これは今も現実である）。

刊行に寄せて

　過去30〜40年の間にあまりにも多くの種類の美味しく安価なチョコレートが並ぶようになったコンビニやスーパーの棚を見ながら、そのチョコレートが多様かつ美味・安価であることの見えない背景——あるカカオ豆農園では、奴隷として働かされている5歳くらいから19歳頃の子ども奴隷たちによる、朝5時から夜11時までのカカオ豆収穫という低コストの「労働」がそのことを可能としている[2]という現実——を想像する。しかもその子どもたちは一生の間、チョコレートを食べることはないという現実に想像力（イマジネーション）を働かせる。「奴隷無使用チョコ（NO CHILDREN SLAVE LABOR）」というラベルを貼る認証制度の法案が議会に提出されたアメリカでは、下院で法案が通過すると、チョコレート業界は上院でこの法案をつぶすべくロビー活動を展開したが成功しなかった[3]。チョコレートばかりではない。コーヒーをはじめ途上国を主な生産地とする多くの生産物が消費者である私たちのライフスタイルへ届けられるプロセスには、自ら主体的に情報にアクセスしようとしなければ「知ることのできない」数多くの「情報」が山積みになっているのである。

＊＊＊＊

　なぜ、こうしたことが、2つの世界大戦の悪魔的な悲惨さを経て「人間の尊厳」を擁護する「人権」保障を普遍的な責務として共有され制度化されてきた国際社会にあって、なおも当たり前のように存在しているのだろうか。

　20世紀という時代を、その語の本来の意味において徹底してラディカル（根源的）に思考し抜いた政治哲学者の一人であるハンナ・アーレントは、第2次世界大戦後、1951年に『全体主義の起原2——帝国主義』[4]の中で、1958年に『人間の条件』[5]において、上記の問いへの示唆を多く示している。

　私たちが今、「グローバリゼーション」という名のもとで無自覚に営んでいるライフスタイルから得る無数の利益の、その背後には、アーレントが1951年の前著で、「できることなら私は星々を併合しようものを」と自らの欲望を豪語した南アフリカ植民地首相として巨富を得たセシル・ローズの言葉の引用[6]から論じ分析した「帝国主義」の構造が、そのまま今なお形を変えながら存続していること。「帝国主義」は「人種主義」と手を携えて、20

世紀に2つの世界大戦を引き起こさずにおられなかったこと。

「星々をも併合する」という当初セシル・ローズが描いたヒトの私的欲望は、「宇宙開発」競争という国家プロジェクトに位置づけられることにより一層具体的な現実となり巨額の税金が投入されている。「国家的規模に肥大化した私的領域の支配」と表裏一体に「公的領域の喪失」を帰結するというアーレントの洞察は、今日の――本来、人々の協働の成果である税金［公的領域］によって、ヒトとして安心して暮らすことのできる文化的生活が保障される筈である「人間の尊厳」は死語に近いという意味で――現実となっている。アーレントが1958年に刊行した『人間の条件』のプロローグは、以下の言葉で始まっている。

> 1957年、人間が作った地球生れのある物体が宇宙めがけて打ち上げられた。この物体は数週間、地球の周囲を廻った。そしてその間、太陽や月やその他の星などの天体を回転させ動かし続けるのと同じ引力の法則に従ったのである。[7]

この「事件」が、アーレントをして『人間の条件』を著することへと強く背を押したことは以下の言葉が示している。

> ところが、まったく奇妙なことに、この喜びは勝利の喜びではなかった。実際、人びとの心を満たしたのは、驚くべき人間の力と支配力にたいする誇りでもなければ、畏敬の念でもなかった。むしろ、時の勢いにまかせてすぐに現われた反応は、「地球に縛りつけられている人間がようやく地球を脱出する第一歩」という信念であった。（中略）しかし「地球に縛りつけられている人間がようやく地球から脱出する第一歩」というこの発言が陳腐だからといって、本当はそれがどんなに異常なものかを見逃してはならない。（中略）
> 　地球は人間の条件の本体そのものであり、おそらく、人間が努力もせ

ず、人工的装置もなしに動き、呼吸のできる住家であるという点で、宇宙でただ一つのものであろう。[8]（傍点筆者）

SDGsという約束を果たそうとする私たちの歩みは、アーレントが懸念と危機感から行わずにはいられなかった現代社会を生きる人間の条件の分析を、一つの重要な羅針盤として携えることによって一層確かなものとなるのではないかと筆者は考える。プロローグの最後をアーレントは以下の言葉で結ぶ。

　他方、歴史的分析の目的は、今日の世界疎外、すなわち、地球から宇宙への飛行(フライト)と世界から自己自身への逃亡(フライト)いう二重のフライト、をその根源にまで遡って跡づけることである。これは、新しくはあるがまだ知られていない時代の出現によって圧倒されたまさにその瞬間に、発展し、自己を顕にした社会の性格を理解するためである。[9]（傍点筆者）

＊＊＊＊＊

21世紀を迎えた私たちは、果たして十分に、巨大な暴力の時代そのものであった20世紀の教訓から学んだといえるだろうか。答えはノーであり、かつ、イエスであろう。イエスと言いうることのきわめて重要なメルクマールの一つこそ、SDGsという世界的な約束事を、たとえ一時的にであれ、世界が協働(パートナーシップ)して認めたという点にあると考えるのは筆者一人であろうか。

　残された時間は決して長くはない。それゆえにこそ、今なお、各地で紛争が絶えない中にあって、私たちはさらにSDGsという国際的な合意事項を前へと進めてゆき、地球というかけがえのない惑星を、可能な限りより良くする努力を尽くして、新たに生まれてくるすべての命——ヒト、および、動植物たちすべての被造物の命——へと手渡したく願う。

聖学院大学名誉教授　髙橋愛子

注

1) レイチェル・カーソン『沈黙の春』青樹簗一訳、新潮社、2004年［62刷改版］／2024年［87刷］、12頁。Rachel Carson, *Silent spring*, Fawcett, 1962.
2) 石　弘之『子どもたちのアフリカ──〈忘れられた大陸〉に希望の架け橋を』岩波書店、2005年、「第六章　現代に生きる子ども奴隷」、151頁以下。
3) 同上。
4) Hannah Arendt, *The origins of totalitarianism*, Harcourt, Brace, 1951. ハンナ・アーレント『全体主義の起原2──帝国主義』大島通義、大島かおり訳、みすず書房、1981年／1995年［新装版6刷］。
5) Hannah Arendt, *The human condition*, University of Chicago Press, 1958. ハンナ・アレント『人間の条件』志水速雄訳、筑摩書房、1994年／2022年［41刷］。
6) アーレント『帝国主義』、第一章扉、3頁。
7) アレント『人間の条件』、9頁。
8) 同、9-11頁。
9) 同、16-17頁。

おすすめ本リスト

　各章を読んだあと、"もう少し詳しく知りたい"と思ったときに、著者がおすすめしたい本の一覧です。ステップアップにお役立てください。

【第1章】
佐渡友哲『SDGs時代の平和学』法律文化社、2019年
高柳彰夫・須藤智徳・小坂真理編著『入門SDGs――持続可能な開発の到達点と2030年への課題』法律文化社、2024年

【第2章】
駒村康平・諸富徹編著、全労済協会編『環境・福祉政策が生み出す新しい経済――"惑星の限界（プラネタリー・バウンダリー）"への処方箋』岩波書店、2023年
諸富徹『税という社会の仕組み』筑摩書房、2024年、ちくまプリマー新書

【第3章】
繁田泰宏・佐古田彰編集代表『ケースブック国際環境法』東信堂、2020年
西村智朗・山田健吾編著『ハイブリッド環境法』嵯峨野書院、2022年

【第4章】
鈴木敏正・朝岡幸彦編著『社会教育・生涯学習論――自分と世界を変える学び』改訂版、「ESDでひらく未来」シリーズ、学文社、2023年
佐藤一子・田中雅文編『共生への学びの構築――市民の協働にねざす教育創造』東京大学出版会、2025年

おすすめ本リスト

【第5章】
社会福祉法人大阪ボランティア協会編『テキスト市民活動論——ボランティア・NPOの実践から学ぶ』第2版社会福祉法人大阪ボランティア協会、2017年
李永淑編『モヤモヤのボランティア学——私・他者・社会の交差点に立つアクティブラーニング』昭和堂、2023年

【第6章】
鈴木孝典・鈴木裕介編著『図解でわかるソーシャルワーク』中央法規出版、2023年
YPS横浜ピアスタッフ協会・NPO法人コンボ・蔭山正子編著『生きづらさをひも解く　私たちの精神疾患——体験者だけが書いた新しい精神疾患の教科書』地域精神保健福祉機構（COMHBO）、2023年

【第7章】
鈴木杜幾子・千野香織・馬渕明子編著『美術とジェンダー——非対称の視線』ブリュッケ、1997年
林香里・田中東子編『ジェンダーで学ぶメディア論』世界思想社、2023年

【第8章】
若尾裕『サステナブル・ミュージック——これからの持続可能な音楽のあり方』アルテスパブリッシング、2017年
近藤譲『ものがたり西洋音楽史』岩波書店、2019年、岩波ジュニア新書

【第9章】
山本淳子『源氏物語の時代——一条天皇と后たちのものがたり』朝日新聞社、2007年、朝日選書
中根千絵ほか『異性装——歴史の中の性の越境者たち』集英社インターナショナル、2023年、インターナショナル新書

キーワード解説

第1章キーワード	
グリーン・ニューディール	アメリカが1930年代に世界恐慌を乗り越えるために実施したニューディール政策にならって、環境分野のインフラ整備や雇用創出に大規模な公共投資を行い、経済成長と環境保護を同時に追求するというアイデア。
構造的（間接的）暴力	ヨハン・ガルトゥングの提示した概念であり、特定の主体が他者にふるう直接的暴力とは対照的に、暴力をふるう具体的な主体は不明だが、社会の仕組みに構造的に組み込まれている暴力を指す。
持続可能な開発	1984年に国連総会によって設置された「環境と開発に関する世界委員会」が提示した概念であり、「将来世代が自らの必要性を満たす能力を損なうことなく、現在世代の必要性を満たすような発展」と定義される。
人間開発	経済指標では表せない、健康、教育、自由などの分野の開発を通じて、人々の選択肢を増やすこと、つまり「人間が自らの意思に基づいて自分の人生の選択と機会の幅を拡大させること」を目的とする開発概念。
人間の基本的ニーズ（BHN）	衣食住や医療、教育、社会サービスなど、人間としての生活に最低限必要とされるものであり、1976年に国際労働機関（ILO）の「世界雇用会議」において提唱された概念。
トランセンド法	ヨハン・ガルトゥングの提示した紛争解決の方法であり、紛争当事者間の妥協点を探るのではなく、対話と共感を通じて対立を非暴力的・創造的に超越し、両者の関係を協力的なものへと転換させていくことを目指す。
ミレニアム開発目標（MDGs）（→　第5章）	2000年の国連ミレニアムサミットで採択され、2015年を達成期限とする8つのゴールおよび具体的な数値目標を定めた21のターゲットからなる開発目標であり、主に途上国における人間開発・社会開発を焦点としている。
第2章キーワード	
外部経済	ある経済主体の活動が直接的には対価を授受することなく他の経済主体によい影響を与えること。例えば、借景がみごとな庭園があり、近隣住民がその景色を楽しめるということ。
外部不経済	ある経済主体の活動が直接的には対価を授受することなく他の経済主体に悪い影響を与えること。例えば、不法投棄により土壌や水が汚染され、周辺住民の健康を害するということ。

キーワード解説

第2章キーワード	
価値財	消費を各消費者の主体的な選択に委ねず、社会的に消費者の主体的な選択に干渉したほうが大きな便益をもたらす財のこと。例えば、義務教育や予防接種の提供が挙げられる。
カーボンプライシング	炭素に価格をつけ、それによって排出者の行動を変化させるために導入する政策手法のこと。代表的な手法には、炭素税、排出量取引、固定価格買取制度がある。
環境分野でのデカップリング	経済成長とエネルギー消費や環境への影響を切り離すことを指し、環境負荷の増加率が経済成長の伸び率を下回っている望ましい状況を表す。
グッド減税・バッド課税	特定の財や行為が環境などによい影響を及ぼす場合に税負担を軽減し、悪い影響を及ぼす場合に税負担を加重するという考え方。人々を環境などに配慮した行動に変える誘因となる。
国際連帯税	貧困など地球規模の問題の解決に必要な資金調達のために、国境を越えて行われる活動やグローバルな資産に課す税の総称。金融取引税、地球環境税、武器取引税などが提唱されている。
所得税の累進課税制度	所得額が高くなるにつれ税率が高くなる制度のこと。支払能力に応じて課税されるので、所得再分配機能をもつ。また、税収の変化率が所得の変化率よりも大きい税制なので、景気変動を自動的に調整する機能をもつ。
トービン税	投機目的の取引を抑制し、為替相場を安定させるために、国際通貨取引に対して課す税のこと。トービン（Tobin, J.）が考案した。
ピグー税	環境破壊のように、市場経済がうまく働かず経済活動が社会に悪影響を及ぼす外部不経済が発生する場合、その解消のために企業などの経済主体に課す税のこと。ピグー（Pigou, A. C.）が提唱した。
第3章キーワード	
BBNJ	公海や深海底など国の管轄権が及ばない区域の海洋生物多様性のこと。BBNJ協定はその保全や持続可能な利用について扱っている。
カーボンストック	大気、森林、海洋などの中に貯蔵される炭素の量のこと。

キーワード解説

第3章キーワード	
共通だが差異ある責任原則	地球環境問題に対しては全ての国が共通して責任をもつが、問題の寄与度と解決能力は先進国と途上国とで異なるという考え方。
賢明な利用	生態系の自然特性を変化させないような方法で、人が湿地を持続的に活用すること。
人類の共同遺産	特定の空間や資源は、いかなる国による領有が禁止され、人類全体のために利用、管理されるべきという考え方。
生態系サービス	共有サービス、調整サービス、文化的サービス、基盤サービスなど人間が自然から得られる恩恵のこと。
世代間衡平	現在世代のニーズを満たしつつ、将来世代も現在世代と同程度の環境や資源を享受が得られる権利があるという考え方。
防止原則	過去に生じた環境問題と同様のことが生じないように科学的因果関係が証明されたうえで規制措置が可能になる考え方。
ブルーカーボン	「カーボンストック」を参照。
目標引上制度	パリ協定の締約国に対し、気候変動対応のために5年毎に排出削減目標を掲げるが、その目標は以前の目標を上回るように設定することを求めた制度。
予防原則	将来生じうる環境問題を事前に事実認定し、将来取り返しがつかない事態を回避するために、科学的因果関係が不十分であっても規制措置が可能になる考え方。
第4章キーワード	
グローバル市民教育（GCED）	学習者がグローバルな課題に向き合い、その克服に向けて地球レベルかつ地域レベルで思考し、積極的に役割を担うことを通して、持続可能な世界を実現することを目指す教育活動のこと。
子供の貧困対策に関する大綱	子どもの将来が生まれ育った家庭の状況に左右されることのないよう、生育環境の整備や教育の機会均等、保護者への就労支援など総合的な子どもの貧困対策を進めるため、日本政府が方針を示したもの。
コモンズ（Commons）	共同体が共有し、共同で管理する資源や空間を指す。土地、水、エネルギー、知識などがその例である。

キーワード解説

第4章キーワード	
持続可能な開発のための教育（ESD）	環境問題や社会的排除問題など、現代社会の重要な課題を自らの課題として主体的に捉え、課題克服につながる価値観や行動などの変容をもたらし、持続可能な社会の実現を目指して行う教育活動のこと。
社会教育	学校教育課程を除き、青少年および成人を対象とする組織的な教育活動であり、全ての人々の生涯学習を支える役割を担う。
社会的排除	貧困や障害、疾病などにより、個人が社会から取り残されている状況を指す。対義語は「社会的包摂」である。
主任児童委員	民生委員のうち、地域の子どもたちの健やかな成長を促すより良い環境づくりのため、児童福祉を専門に活動する者を指す。
新自由主義	市場の自由な競争を重視し、公共的な分野を民営化するなど政府の介入を最小限に抑え、効率的な資源分配を目指す考え方を指す。その反面、競争激化や公的扶助の縮小により格差拡大や分断を引き起こす要因ともされる。
スクールソーシャルワーカー	社会福祉の専門性を活かし、学校において子どもやその家庭を支援する専門職を指す。不登校や虐待、貧困などの課題に対し、学校や地域の関係機関と連携しながら、子どもを取り巻く環境に働きかける役割を担う。
ソーシャルキャピタル	直接には人々の信頼関係やネットワーク、助け合いの関係などを意味し、その程度が個人的・集団的または社会的な発展などに影響する「資本」になるとする考え方を指す。
民生委員	厚生労働大臣から委嘱される非常勤特別職の地方公務員として無報酬で活動し、地域福祉に関して住民が必要な支援を受けられるよう相談・情報提供や関係機関への橋渡しを行う。
第5章キーワード	
MDGs（ミレニアム開発目標）	2000年に2015年までに達成すべき国際社会共通の目標としてまとめられた。8つの目標（Goal）と21のターゲットと60の指標が設定された。
NGO（非政府組織）	NGOは、Non-Governmental Organizationの略称で、非政府組織と訳される。さまざまな国際的な社会課題に対して取り組む政府以外の民間組織。

第5章キーワード	
Think globally, act locally.	国際開発支援や環境保全運動の中で生まれた標語。地球温暖化をはじめ、一国では解決できない世界的環境問題に対する考え方。
社会変革者	今困っている人を支えるということにとどまらず、困っている人を生み出さない社会にするために、具体的に行動（行政等への働きかけ等）を起こしていく人たちを指す。
能登半島地震	正式には「令和6年能登半島地震」。2024年1月1日、石川県能登半島で最大震度7の揺れを観測する大地震が発生し、建物の倒壊や津波の被害などで死者は240人以上にのぼる。
阪神・淡路大震災	1995年1月17日淡路島北部を震源地とする地震。死者・行方不明者は6400人を超え、全半壊など被害を受けた住宅は約63万棟にのぼる。
東日本大震災	2011年3月11日に発生した巨大地震。地震による直接的な被害だけでなく、大津波等の被害により死者・行方不明者が2万2200人以上にのぼる大災害。
貧困の連鎖	親の収入が少ないと、子どもが十分な教育を受けられず、親から子へと連鎖して貧困から抜け出せなくなることを指す。
フェアトレード	途上国で作られた原料や製品を適正な価格で購入することで、途上国の生産者・労働者の生活改善と自立を目指す取り組み。
ボランティア元年	阪神・淡路大震災では、100万人を超えるボランティアが現地に駆けつけて支援活動を展開し、社会に大きなインパクトを与えた。そのことがきっかけとなり、この年（1995年）が「ボランティア元年」と呼ばれるようになった。
ワークキャンプ	合宿型のボランティア活動を指す言葉。活動内容は、福祉施設での活動や森の手入れ、難民等の支援や学校やトイレの建設等多岐にわたる。
第6章キーワード	
合理的配慮	障害のある人々が社会にあるバリアを取り除くために必要な対応を行うこと。2021年の障害者差別解消法改正によって、2024年度より行政機関だけではなく民間事業所も義務化された。
こころのバリアフリー宣言	全ての国民が精神疾患や精神障害の正しい理解を促進するための基本的な柱を整理したもの。

キーワード解説

第6章キーワード	
施設コンフリクト	社会福祉施設の建設に対する地域住民の反対運動など、施設と地域が対立している状況のこと。
障害者権利条約	2006年に国際連合で採択された障害のある人々の権利や尊厳を守るための包括的・総合的な国際条約。
障害者差別解消法	全ての国民が障害の有無によって分け隔てられることのないよう、障害による差別の解消を推進するための法律。
ソーシャル・インクルージョン（Social Inclusion）	少数派（マイノリティ）など多様性をもつ全ての人々が受け入れられ、包摂される社会を目指す理念・考え方。
ソーシャル・エクスクルージョン（Social Exclusion）	ソーシャル・インクルージョンの対義語。社会的に排除されている状況。
ノーマライゼーション（Normalization）	障害や病気の有無にかかわらず、自分らしい生活や当たり前の権利が守られるように、社会環境の整備を目指す理念・考え方。
私たち抜きに私たちのことを決めないで（Nothing about us, without us）	世界中の当事者が参画して採択された障害者権利条約の合言葉というべきメッセージ。
第7章キーワード	
家父長制	家族などの社会単位において、男性の長が、自分以外の者に対して権力をもち、支配する制度である。わかりやすい例としては、男系男子の家督相続がある。
基本的人権	人間が生まれながらにしてもつ、人間としての尊厳をもって生きるために必要な権利。
ジェンダー	社会や文化によってつくられた、「女らしさ」や「男らしさ」の定義と区分。国や文化ごとに異なり、また時代によって変化する。
ジェンダー・バイアス	ステレオタイプな「女らしさ」や「男らしさ」を根拠にした偏見。
社会的包摂	ある社会や共同体において、誰も排除されることなく、その全員が社会や共同体に参加できる機会をもつこと。
ステレオタイプ	決まりきった考え方。定型や典型。人物や物事の記号的な捉え方。

キーワード解説

第 7 章キーワード	
性差別	ステレオタイプな「女らしさ」や「男らしさ」を根拠にして実行される差別。
他者	主流の社会や文化から、「異なるもの」、「劣ったもの」と定義づけられ、排除され、周縁化された人々。
培養効果	主に大衆文化の作品、例えばテレビドラマや映画作品などにおいて、作品内で表現される価値観が、視聴者の現実世界の認識に影響を与える効果。
まなざし	支配欲や性的欲望を伴った視線。
第 8 章キーワード	
エリック・サティ	フランスの作曲家（1866-1925年）。『ジムノペディ』等のピアノ音楽で名高い。また意識的に聴かれることを目的としない『家具の音楽』等で示した方法は、とりわけ20世紀後半以降の作曲家たちに強い影響を与えている。
近藤譲	日本の作曲家（1947年-）。1970年代より欧米諸国での創作活動・教育活動を行い、国際的に活躍してきた。著作も名高く、みずからの音楽的思想を論じた『線の音楽』などがある。
坂本龍一	日本の音楽家（1952-2023年）。東京藝術大学在学中からキャリアをスタートさせ、ソロのほかイエロー・マジック・オーケストラのメンバーとしても活動。『ラストエンペラー』等の映画音楽もよく知られている。
作者の死 （La mort de l'auteur）	フランスの批評家ロラン・バルト（1915-1980年）が1967年に発表した論文のタイトル。作品は作者やその人格などによって支配されるものではなく、それとは独立した読みをもたらすという主張は、後世に強い影響を与えた。
西洋クラシック音楽	西洋の音楽自体は古代ギリシアもしくは中世から始まる長い歴史をもつが、一般的には主に18世紀から20世紀初頭の音楽を指して、「クラシック音楽」と呼ばれることが多い。
高橋悠治	日本の作曲家（1938年-）。柴田南雄やヤニス・クセナキスらに作曲を師事、その後欧米全体へと活動範囲を広げる。1978年にはアジアの抵抗歌を紹介する水牛楽団を結成。ピアニストとしても名高い。

キーワード解説

第9章キーワード	
一条天皇	980-1011年、在位986-1011年。第66代天皇。名は懐仁（やすひと）。父は円融天皇、母は藤原兼家の娘詮子。藤原道隆の娘定子を中宮・皇后、道長の娘彰子を中宮とした。
〈漢〉と〈和〉のジェンダー	漢字・漢詩文は政治制度や学問・文化という〈公〉に伴って中国から摂取された。漢字から仮名が生まれ、恋など〈私〉の世界に押し込まれたことで、漢字・漢詩文が〈公〉〈男性性〉、仮名・和歌・和文が〈私〉〈女性性〉に区分された。
関白	天皇を補佐して政務を執行すること。太政大臣の藤原基経（836-891年）が初例。基経の子、忠平（880-949年）から天皇の幼少時は摂政、成人後は関白を置くことが常例となる。
清少納言	生没年不詳。993年頃から一条天皇の中宮・皇后定子（976-1000年）に仕え、その魅力を『枕草子』に記して発信した。
聖代	天皇が学問を好み、学者を重用した文化隆盛の世。村上朝（946-967年）から一条朝（986-1011年）にかけて、聖代の醍醐朝（897-930年）と村上朝を継承すべきという「延喜天暦聖代観」が紀伝道出身の文人たちによって形成された。
摂政	天皇に代わり政務を執行すること。古くは皇族。人臣初の例は清和天皇の外祖父で太政大臣の藤原良房（804-872年）。以降、藤原北家出身者に独占される。
中宮	律令制では太皇太后・皇太后・皇后（天皇の嫡妻）の居所。転じてそれら三宮の総称。藤原宮子（?-754年、不比等娘）から皇太夫人（天皇の生母で先代の皇后）の別称となり、藤原穏子（885-954年、基経娘）から皇后の別称となった。
藤原伊周	974-1010年。公卿、漢詩人。父は中関白藤原道隆、母は高階貴子。叔父道兼・道長との権力闘争に敗れ、花山法皇奉射事件等により996年に大宰府左遷。外甥の敦康親王の後見として復位、正二位まで昇るが、再び呪詛事件に連座。失意のまま死去。
藤原定子	976-1000年。一条天皇の中宮・皇后。父は中関白藤原道隆、母は高階貴子。同母兄弟に伊周、隆家、隆円。990年に入内、のち中宮。996年に出家、翌年再び入内。1000年に藤原道長の娘彰子が中宮に立ったため皇后となる。女房に清少納言。
枕草子	随筆。清少納言作。執筆は996年頃から1010年頃までか。300余段。日記的章段、類聚章段、随想章段から成る。

執筆者・担当一覧

鈴木 詩衣菜（すずき しいな）　はじめに、第 3 章

　聖学院大学政治経済学部准教授、聖学院大学サステイナビリティセンター所長。上智大学大学院地球環境学研究科博士後期課程修了。博士（環境学）。専門は、国際法、国際環境法。主な研究関心は、環境紛争の効果的な解決と環境条約の実効性の確保。主な著書に『国際法学の諸相』（分担執筆、信山社、2015年）、『水辺を知る——湿地と地球・地域』（共編著、朝倉書店、2023年）などがある。

西海 洋志（にしかい ひろし）　第 1 章

　横浜市立大学国際教養学部准教授。聖学院大学サステイナビリティセンター元所長。東京大学大学院総合文化研究科グローバル共生プログラム博士後期課程単位取得退学。博士（グローバル研究）。専門は、国際政治思想。主な著書に、『保護する責任と国際政治思想』（国際書院、2021年）、『地域から読み解く「保護する責任」——普遍的な理念の多様な実践に向けて』（共編著、聖学院大学出版会、2023年）などがある。

長嶋 佐央里（ながしま さおり）　第 2 章

　聖学院大学政治経済学部准教授、地域連携・教育センター副所長。関西学院大学大学院経済学研究科経済学専攻博士課程後期課程単位取得満期退学。博士（経済学）。専門は、財政学、地方財政、社会保障の財政。主な論文：「日本の市町村における児童福祉費の扶助費の動向分析」『経済環境研究』第 8 号、2019年、「個人住民税の非課税限度額に関する考察」『経済学論究』第67巻第 4 号、2014年。

若原 幸範（わかはら ゆきのり）　第 4 章

　聖学院大学政治経済学部准教授。地域連携・教育センターおよびボランティア活動支援センター所長。北海道大学大学院教育学研究科博士後期課程修了。博士（教育学）。専門は社会教育学。主要著書に、宋美蘭編著『韓国のオルタナティブスクール——子どもの生き方を支える「多様な学びの保障へ」』（分担執筆、明石書店、2021年）、鈴木敏正、朝岡

幸彦編著『社会教育・生涯学習論——すべての人が「学ぶ」ために必要なこと』改訂版（分担執筆、学文社、2023年）など。

川田 虎男（かわた とらお）　第5章

埼玉県立大学保健医療福祉学部准教授、聖学院大学非常勤講師、同大ボランティア活動支援センターおよび同大サステイナビリティセンターアドバイザー。NPO法人ハンズオン埼玉代表理事。社会福祉士。立教大学大学院21世紀社会デザイン研究科博士後期課程修了。博士（社会デザイン学）。専門は、市民活動・ボランティア、地域福祉。主な著書に、李永淑編『モヤモヤのボランティア学——私・他者・社会の交差点に立つアクティブラーニング』（分担執筆、昭和堂、2023年）などがある。

小沼 聖治（おぬま せいじ）　第6章

聖学院大学心理福祉学部准教授、精神保健福祉士。大正大学大学院人間学研究科博士後期課程修了。博士（人間学）。専門は、精神保健福祉、ソーシャルワーク、ソーシャルアクション。主な研究関心は、精神保健福祉領域におけるソーシャルアクションの実践モデル形成やメンタルヘルスの普及啓発。主な著書に『ソーシャルアクション・モデルの形成過程——精神保健福祉士の実践を可視化する』（法律文化社、2024年）、鈴木孝典、鈴木裕介編著『図解でわかるソーシャルワーク』（分担執筆、中央法規出版、2023年）などがある。

江崎 聡子（えざき さとこ）　第7章

聖学院大学人文学部欧米文化学科准教授。立教大学アメリカ研究所客員研究員。専門分野はアメリカ美術、アメリカ視覚文化。東京大学大学院総合文化研究科博士課程単位取得満期退学。著書に『エドワード・ホッパー作品集』（東京美術、2022年）、『デリシャス・メトロポリス——ウェイン・ティーボーのデザートと都市景観』（創元社、2024年）、『描かれる他者、攪乱される自己——アート・表象・アイデンティティ』（共著、ありな書房、2018年）などがある。